いま、国語にできること

「生きる力」を考える

森島久雄

玉川大学出版部

はしがき

おっと、どっこい生きている

数年前、大学を去るに当たって、異例のことではあったが私は退職記念最終講義なるものを三回やった。教育学部、文学部、教育専攻科の主催だった。最初は教育学部。学部の学生とともに錚々《そうそう》たる先生方も臨席してくださった。自分の講義を同業者に聞かれるのは嫌なものだが、それでも近い将来、小学校・中学校・高等学校の教壇に立つであろう学生たちに向かって教育について熱く語った。現職の先生方を対象にした研究会などでは、教育委員会や管理職の先生方も傍聴していて、そうそう本当のところは語れないが、この講義ではそうした気遣いから解放され、今の社会状況にも言及しながら「これからの教育の在り方」について自分の本音を語った。

講義が終わって、フロアーから頂いたいくつかの花束を胸にして、階段教室の壇上の椅子に座ったまま教育学部の教授から送別の言葉を頂いた。その教授は私の講義を「おっと、どっこい生きている教育論」と総括してくださり、過分な講評まで付け加えてくださった。この「おっと、どっこい生きている」なるフレーズは、この最終講義の中で私が使ったものである。貧困階層、ワーキング・プア……。こんな言葉まで至極当たり前のように飛び交っている現代の社会状況を踏まえて、これからの教育を考える視点として私が口にしたものだったが、その教授が改めてそれに光を当ててくださったのだ。この江戸前の伝法肌《でんぽうはだ》の言い回しは、東京浅草で育った私には活動写真や少年講談などで耳に馴染んだものだった。江戸の侠客幡随院長兵衛《ばんずいいんちょうべえ》や魚河岸の男伊達《おとこだて》一心《いっしん》太助《たすけ》、あるいは歌舞伎でお馴染みの花川戸の助六といったキャラクターが、権力を笠に着て威張り散らす旗本奴や悪徳商人などを前にして口にする悪態である。「てやんでー、べらぼうめー」と言いながら親指を立てた手で鼻をこすり上げ、それから「おっと、どっこい生きている！」と持って回った口調で啖呵を切る。

今こそ本当の「生きる力」が問われている

「勝ち組―負け組」「上流―下流」「富裕層―貧困層」……。格差階層社会状況を表す、こういった言葉を耳にするようになって既に久しいものがある。最近ではサーカスの綱渡りを連想させる「セーフティーネット」や、柳に飛び付く蛙を思わせる「再チャレンジ」といった言葉が公的な場面で多用されている。その一方で勝ち組の代表とも言うべき六本木ヒルズの住人たちが「お金を稼ぐことは悪いことですか」「お金で買えないものは何もない！」とうそぶくように口にした台詞も記憶に残っている。さらに政界筋からは「この程度の格差は格差ではない」といった突き放し発言や、「勝ち組、負け組は本人の能力と努力の結果」といった例の自己責任論が本音として生きていることも知っている。経済優先主義の競争社会といった基本的な枠組みの中で、ファンドや投資といったマネーゲームとは無縁のところで慎ましく暮らしている大半の国民としては、それこそ「てやんでー、べらぼうめー」と悪態の一つもつきたいというのが本音であろう。

こうした時代状況のただ中にあって、私たちは現代の教育をどう捉えたらいいのか。本書のモチーフはこうした点にある。かつて学習塾の講師をやっていた教え子からこんな話を聞いた。東京のある進学塾では毎月の実力テストの成績順に座席が決まるそうだ。できる子が教室の後ろの方の席、できない子は前の方の席に座る。座席を見れば、その子が何番かすぐわかる。文字通り席次といったところだが、トップの子が座る席を「天下」と言う。成績発表の時、トップになった子が「天下を取ったぞー」とガッツポーズをとる。ところが、その瞬間から上位に位置する多くの明智光秀や徳川家康たちによって次の天下を狙った熾烈な争いが再開される。まさに天下騒乱的な状況が日常化しているのだ。でも次の天下を狙える位置にある子供はいい。問題は教室の前の方の席から動けないでいる「お客さま」とか「お地蔵さん」とか言われている子供たちであろう。身を擦り減らすようなドッグレースから下りて、負け犬の遠吠えを繰り返すだけの生き方しか選択肢はないのだろうか。しかし負け犬だろうと「お地蔵さん」であろうと塾に行ける子はまだいい。万引きで小銭を稼ぎ、繁華街で「地べタリング」して始発電車を待つような暮らしに堕ちている子供たちは、これから先、どんな生き方をしていくのだろう。一方、「天下の席」に着くような子供たちも将来どんな人間になっていくのだろうか。ひたすら勝ち組コースを突き進むだけの人生を送っていくのだろうか。

本書に託した思いは、すべての子供たちがそれぞれの所を得て、それなりの気概を持って生きていってほしいという願いにある。言うならば「おっと、どっこい生きている」教育論である。それは「人間として豊かに生きていく力の育成」という一事に尽きる。この「生きる力」なるフレーズは、一九九八年（平成一〇）告示の「総合的な学習の時間」で登場してきた理念であるが、私はこの機会にあえて古証文のような「生きる力」を私なりのニュアンスで使っていこうと思っている。私が言うところの「生きる力」の内実は、臆面もなく官製談合や裏金作りに走るような人間とは対極に位置する人間的資質でもある。しかし、本書は、ただこうした口当たりのいい言葉をお題目のように唱えるだけのものではない。現代の学校教育と家庭教育を視野に入れながら、この生き方教育の可能性を論じていこうと思っている。

「国語」なるものを手がかりに

今、この国の社会・文化・教育といった分野において、ある種の国語ブームが到来している。一部の識者や受験ジャーナリズムによって、盛んに「国語」の重要性が口にされるようになった。それだけではない。告示と同時に学力低下の大合唱を浴びて、死に体同然のまま放置されていた現行の教育課程の改訂がいよいよ具体的なものとなり、その流れの中でも〈言葉・国語〉重視の方向性が打ち出されている。

これまで五〇有余年、私は「国語の先生」であり続けた。中学校の国語科教師を振り出しに、やがて東京下町の都立高校に転じた。子供の頃、お神輿《みこし》を担いだ浅草鳥越神社のすぐ近くの高等学校を転々とした。さらに縁あって文部省文化局国語課に転じた。当時国語課は国語審議会や国語研究所の主管課で、戦後の国語施策の普及や国語教育の振興に関する調査研究などを担当した。その後、教員養成系の大学に転じ、乞われるままに非常勤講師として、いくつかの大学でも国語教育法なる講座を受け持った。その間、中学校・高等学校の国語教科書編集にも携わり、いろいろな形で現職の先生方とも接してきた。

- 「おっと、どっこい生きている」教育論
  ——これからの国語教育の一つの視点
- 「千尋《ちひろ》」から「千《せん》」へ
  ——「生きる力」としての国語力
- 「いい気持ち」になる国語の授業

――情意的学力の形成

ここに示したのは、先に述べた三回の最終講義の題目だが、この三つの題目を見るだけで、この最終講義に託した私の思いの方向は察して頂けるであろう。だが本書では学校の「国語科」だけを論ずるつもりはない。家庭や社会における国語教育の今日的な可能性にも言及していく。また「おっと、どっこい生きている」「千尋から千へ」、そして「いい気持ちになる」といった副題から想像されるような、単なる受け狙いの物言いに終始するつもりはない。本書では観念的な教育論に留まることを戒め、読者子の実感に届くよう具体的な事例を、私の地の言葉で語っていこうと思っている。特に私の受けてきた戦前と戦後の教育体験を語る部分はいささか私に偏したところもあるが、日本教育史研究で言うところの「回想」であり、ある種の「証言」になるのではないかと思っている。

いま、国語にできること――「生きる力」を考える◎目　次

Ⅱ 「国語」の力

I　現代子供事情

第一章　今、子供たちはどんな時代を生きているのか

ある日、新聞を見ていて「新聞は世相の鏡」といった至極ありふれた言葉を思い浮かべたことがある。その時、私は二〇〇六年一月二九日の朝日新聞朝刊を手にしていたが、その紙面には日本の子供たちの置かれている時代状況を象徴する二つの記事が載っていた。

一　格差社会と言われる中で

友達が塾に行ってるんやて

新聞を広げていきなり目に飛び込んできたのは、一面トップから二面にわたって続く記事だった。

タクシー抜き打ち監査
長時間労働・低賃金——規制緩和で悪化

競争の果て　運転手厳寒

15時間働き8千円　会社で生活

値段に厳しい関西のお客をつかもうと、府内のタクシーの7割超が「5千円超過分の運賃を半額」などの遠距離割引を導入し、「初乗り500円」のタクシー会社も10社以上になった。国内で最も激しい競争は「大阪タクシー戦争」と呼ばれる。

「友達が塾に行ってるんやて」。大阪市内を走る運転手（55歳）は最近、小学生の娘のこの一言に胸を締め付けられた。朝7時から翌朝5時まで働いても月収は手取り額で15万円に届かず、とても塾に通わせる余裕はない。

（二〇〇六年一月二九日「朝日新聞」朝刊）

二〇〇二年、タクシー業界に課せられていたもろもろの規制が緩和され、それを契機にして業界のサービス競争が目に見えて激しくなっていった。それに伴ってタクシー運転手の労働環境は著しく悪化していくことになる。経営合理化の波がもっぱら運転手さんたちの待遇に及んでいったのだ。タクシー業界の現状を報じたこの記事では「低賃金・長時間労働」の実態が具体的な数字を裏付けにして報じられていただけに迫力あるインサイド・レポートになっていた。特に私の目を捉えたのは運転手さんの娘さんが口にした「友達が塾に行ってるんやて」という言葉だった。思うにこの娘さんの友達の多くは学習塾に通っているのだろう。そして自分もその仲間に入りたかった。だけど家の窮状を十分に知っているだけに「お父さん、私も、みんなと一緒に塾に行きたいんや、行かしてーなー」とは言えない。一方、父親のほうも気軽に「行ったらええがな」とは言えずただ黙っている。新聞特有の散文的な文体ではあったが、こんな父娘の心中が思いやられてならなかった。

数年前、ある懇親会の席上で、代表の学生が「この専攻には熱い先生方がいらっしゃるとのことですが……」と挨拶した。この「熱い先生」なるフレーズは決してプラスのニュアンスで使われたものではない。「熱い」は「ウザッタイ・暑苦しい・うるさい・煩わしい」の謂《い》いである。その対極にあるのが「クール」である。いわゆる斜に構えて表情も変えずに「クールを決め込む」のが「ナイスキャラ」なのだ。私が担当していた国語教育関係の演習では、多くの文学教材や子供の生活綴り方を読むのだが、そこでは必然的に私たち日本人の情緒といった側面にも言及していくことになる。現職の小学校の先生方を対象にした認定講習などの場面では教材文の朗読や群読、あるいは小学唱歌や童謡の歌唱まで採り入れることもあるが、さすが現職、その感情移入は見事と言うほかない。「心の熱い」先生方が多いのだろう。読み方教育の用語に「入り込み」なる言葉がある。読み手が登場人物や書き手の心情に同化して深く共感することを言う。クールを決め込んでいるような学生たちは、この父娘の「貧なるがゆえの悲しみ」をどこまで思いやることができるのだろうか。

「でんでんむしの　かなしみ」

小学校の国語教科書の定番教材に童話「ごんぎつね」がある。若くして逝った新美南吉の作品であるが、彼は究極のところ「人間の悲しさ」を描いた童話作家と言ってよい。この南吉が残した作品の中に「幼年童話」と言われる作品群がある。その一つに「でんでんむしの　かなしみ」がある。

この作品は児童書の世界では広く知られた作品である。一九九八年、ニューデリーで開催された第二六回IBBY（国際児童図書評議会）で、美智子皇后さまは「子供の本を通しての平和——子供時代の読書の思い出」と題したご講演をし、この作品を取り上げられた。以下、その結末の部分だけを示す。

> とうとう　はじめの　でんでんむしは　きが　つきました。
> 「かなしみは　だれでも　もって　いるのだ。わたしばかりでは　ないのだ。わたしは　わたしの　かなしみを　こらえて　いかなきゃ　ならない」
> そして、この　でんでんむしは　もう、なげくのを　やめたので　あります。
>
> （『新美南吉童話大全』講談社、一九八九年）

「かなしみは　だれでも　もって　いる」「わたしは　わたしの　かなしみを　こらえて　いかなきゃ　ならない」——この独白はひとり「でんでんむし」だけのものではない。いよいよ顕わになってきた階層化社会状況にあって、いわゆる「下流階層」に組み込まれた多くの子供たちにも共有されている思いであろう。この「でんでんむしの　かなしみ」は、小学校低学年向きの読み聞かせ教材として使われるが、中には先生の朗読に胸いっぱいの風情で聞き入っている子供もいるとか。

この幼年童話には取り立てて言うほどのストーリーも、子供たちの耳目を惹きつけるような派手なクライマックスもない。第一、「はじめのでんでんむし」は何が悲しかったのか、まったく触れられていない。それでも一部の子供たちには、この主人公の「でんでんむしのかなしみ」がそれなりにわかるのだろう。

タクシー業界の過当競争を報じたこの記事の背後には、ぬきさしならない格差階層化状況のただ中に置かれた多くの子供たちの姿が見えてくる。規制緩和→自由競争→負け組→弱者切り捨て……。こうした社会の日陰の部分で息をひそめるようにして悲しみに耐えている子供たちである。今、世間では年収三〇〇万円といった数値が何かと取り沙汰されているが、この運転手さん一家の月収は一五万円、年収に換算しても三〇〇万はおろか二〇〇万円にも届いていない。わが子を塾に通わせるどころか、給食費や修学旅行費にも事欠く状態だろう。それに対して学習塾にかかる経費はどのくらいになるのか。聞くところによれば小学校の高学年ともなると半端な金額ではないらしい。新聞を手にしていて、私の脳裏に浮かんだのは、東京の私鉄沿線の車中で目撃する子供たちの姿だった。一目でそれとわかる制服を着た「私立お受験」競争の勝ち組の子供たちである。見るからに育ちのよさを感じさせる独特のカラーを身につけている。言うならば『陽のあたる場所』(一九五一年公開のアメリカ映画の題名)に住む勝ち組の子供たちである。

「分裂にっぽん――子どもたちの足元から」

しかし事は塾に行くか行かないかといったレベルで済む話ではない。先年、ある小学校の図工専科の先生から次のような話を聞いた。この学校は東京都の中で就学援助の受給家庭がいちばん多いと言われている区にあるが、最近は少額の学級費の集金さえもままならなくなったという。公費やＰＴＡ会費は用途が限定されるが、この学級費はいい意味で使い勝手がよく、とても重宝だったという。これまでは図画工作の材料購入にもこの学級費を充《あ》てていたが、今ではそれをやめている。粘土の陶芸や針金を使ったオブジェ制作などを児童に体験させたくてもその材料費がままならず、古紙を配っては絵やデザインばかり描かせているとか。そんな時でもパステルや絵の具などを買い揃えることのできない子供のために、持ち主の見つからない忘れ物や落とし物の中から、それらの品々を用意して教室に出向いていているらしい。格差なるものがあるのかどうか政界筋の一部には議論があるそうだが、公立学校の中には、こんな切ない思いを味わっている先生もいるのだ。

ある週刊誌の広告の中で「公立は学校なのか」といった誠にショッキングな見出しを見付けたことがある。その脇には「学力格差を生き抜く」といった横組みの脇見出しもついていた。恐らく公私間の格差を問題にした特集なのだろう。それにしても「公立は学校なのか」という言い方はひどい。たぶん私立学校の実践と比較しながら、公立学校の取り組みの足らざるところを突いたものであろうが、こうした学校格差は何も「公私間」だけに見られるものではない。同じ東京の公立学校でも、さまざまな形の「公公間」格差が存在している。こうした学校格差はそのまま世間の評判による「人気格差」につながっていく。既に一部の地域ではバウチャー制度（学校選択制度）が先取りされているが、その結果として不人気校や底辺校が廃校に追い込まれている現実がある。こうした実態は先生方の意欲や力量の不足が要因でもたらされたものではない。その背景には地域の家庭の経済格差と文化格差、つまりは家庭の教育力が大きく影響していることは言うまでもない。

下流階層、貧困層、ワーキング・プア……。毎日のように見聞きする言葉である。こうした社会状況を踏まえて新聞紙上で「分裂にっぽん」なる特集が組まれた。それには「子どもたちの足元から」といった脇見出しがついていたのだが、恐らく子供の置かれた生活環境の落差がもはや「格差」といったニュアンスでは納まらないで「分裂」状態にあると言うのであろう。その記事の中で、ある中学校の先生がこんな本音を語っていた。

競争が活力を生むというが、そもそもスタート地点が違うのだから、勝負にはならない。自由だ選択だと言っても、お金がなければ何もできない。

（二〇〇六年三月二五日「朝日新聞」朝刊）

この発言にはいささかの解説が必要だろう。ここで言う「お金」は学校別に給付される学校交付金のことではない。地域父兄層の経済力を言っているのだ。「自由」「選択」とは教材や学習体制や指導方法などを学校の自由裁量に委ねることを指す。市販の問題集やドリルを買わせて百ます計算やステップ学習に徹しようと、子供たちを「できる子―できない子」に分けて学力テストの平均点アップに励もうと、何をやってもいいということだ。バウチャー制度・学校選択制度とは、要するに学校間に「競争」原理を導入し、学校を活性化させる仕組みなのだが、この先生は自分の勤務する学校は「スタート地点が違う」から最初から「勝負にならない」とまで言い切っている。「お金がない」――誠に身も蓋もない言いようだが、地域家庭の経済格差が児童虐待や家庭崩壊、さらには子供のいじめや非行に直結していくだけに、この先生の本音には説得力がある。因みにこの先生は就学援助費の受給率が高く、テストの平均点が低いと言われている、とある区立中学の先生である。

東京の一部地域では既に学区が撤廃され、各学校ごとの教育特化に基づいた自由競争が導入され、父兄は「少々遠くても少しでもいい学校」を選んでいく。聞くところによれば、先生方の転任希望も人気のある区と敬遠される区にはっきり分けられると言う。つまりは同じ行政区域の同じ公立学校でありながら、階層によってエリアが分断されているのだ。戦前の東京では例えば山の手のお屋敷町と借家長屋の集まる下町のように、階層によるエリアの区分がはっきりしていたが、この「分裂にっぽん」という見出しはそうした時代の再来を告げているのだろう。

「分裂した国」――この言葉から、どんなイメージが浮かんでくるだろうか。いくつかの国に見られるように、一つの国であるはずの国土が政治体制の違いによって、大きな川や高い壁によって厳しく分断されているイメージだろう。それに対して経済格差によるエリアの分裂もある。アメリカに見られる要塞町がその典型である。そこでは外部の人間の侵入を防ぐべく、周囲には高い塀が巡らされている。ところが、こうしたニュータウンはアメリカだけの話ではなく、日本でもあちこちに生まれていると言う。私の家の近くにも「○○丘」なる美しい名前を冠した高級住宅街が出現した。モダンで瀟洒《しょうしゃ》な家の前には、エキゾチックな趣きの植え込みがついている。このエリアには壁やクリークこそないが、当初は二四時間、ガードマンが巡回していた。夜、一人でそのエリアを散策していたら、立ちどころにガードマンが近付いてきた。だが、一切声は掛けない。ただ黙って私がこの住宅街から立ち去るまで、まるで私をガードするかのように寄り添って歩いていた。要するに、この○○丘は私たちが住んでいる地域とは完全に分断された独立エリアなのだ。

新聞社が子供たちの置かれた格差状況を言うのに、あえてセンセーショナルな「分裂にっぽん」という見出しを使ったのも、これまでの日本にはなかった新しい世相の到来を示したかったからであろう。この「分裂」は暮らしのスタイルだけに留まるものではない。そこに住む人々の生活意識や暮らしに根付く文化にまで及んでいく。横浜や長崎の外国人居留地のように、そこでは日本人特有の生活習慣や日本的な情緒とは違った新しい文化が生まれているのかもしれない。小学校の給食で、児童が声を揃えて、時には箸を手挟んで拝むようにして「頂きまーす！」を言うが、これに一人の母親がクレームを付けたという。「今後は、私の子供には、この挨拶と礼はやらせないでほしい。うちの子は人様から食を恵んで貰っているわけではない。きちんと給食費も払っている」――これが、この母親の言い分だった。もはや天の恵みに感謝するといった、この国特有の美徳とは無縁の生活習慣が生まれているのだろう。一切悪びれることなく車内飲食や車内化粧に励む子供たちと、そうした子供たちを睨むように眺めている人々。確かに、今、この国は「分裂にっぽん」といった状況に在るのかもしれない。

二　スーパー・エリート学校の開設

江田島海軍兵学校への憧れ

大阪のタクシー運転手の実情を報じた新聞には、あの父娘の心情とは対極に位置するような別の記事が載っていた。風光明媚《めいび》な三河湾に面した愛知県蒲郡市に、エリート養成を看板にした私立の中高一貫の全寮制男子校「海陽中等教育学校」が開設されたニュースである。

中学入試に変化の波

全寮制学校の新設、公立志向の退潮

入試は最大3回受験でき、120人の募集に対して志願者は全国から延べ920人。実質倍率は4・4倍だった。

海陽はトヨタ自動車やJR東海などが中心となって設立。「次代のリーダー養成」を掲げ、企業派遣の社員が寮で寝食を共にして学習や生活を指導する「全人教育」を特徴とする。

（二〇〇六年一月二九日「朝日新聞」朝刊）

私自身、東京大空襲前夜、飛び立つようにして愛知県蒲郡にほど近い、山あいの集落に縁故疎開し、当地の国民学校（小学校）を経て旧制中学に入学した経緯があるだけに、この蒲郡という地名にからんだニュースは見逃せなかった。

ところで、このニュースには、単に一私立学校開設といったレベルを越えた強烈なインパクトがある。そもそも学校教育なるものは、明治期の学制発布以来、国の文教政策、つまりは国家の根幹を支える国策として立案運用されてきた。端的に言えば生産力・軍事力としての人材を育成するという国家的事業である。もちろん、多くの私立学校もその枠の中で存続してきた。今回の海陽中等教育学校も、そうした法的規制に基づいて開設されたことは言うまでもない。だが、なにせ自動車会社（トヨタ）や鉄道会社（JR東海）などの大企業による設置である。しかも、教育理念として「次代のリーダー養成」を掲げている。そして、その特質は一高や三高といった旧制高校に通ずる全寮制による人間教育にある。こうなると、事は単なる「勝ち組」につながるスーパー受験校どころの話ではない。「国家に有為な人材を育成する」――言うならば吉田松陰の松下村塾なみの志を持った国家的なプロジェクトである。しかも風光明媚な三河湾に面した校地には、恐らく最新の施設が備わった学寮も用意されているのだろう。そして、そこでは企業から派遣されたスタッフが生徒と寝食をともにしながら指導に当たることになる。世間ではこの海陽中等教育学校を「トヨタ学校」と言う向きもあるが、市区町村レベルの公教育では、例えば「次代のリーダー養成」を堂々と掲げた、受益者負担の大きいエリート学校の設立など望むべくもない。

この記事を読んだ時、どういうわけか、私は往年の海軍兵学校を連想した。一九四一年四月一日、当時、私は小学校三年生だったが、通っていた東京下町の尋常小学校は国民学校に変わった。そこでは私たちは少国民と呼ばれ、来る日も来る日も国威発揚と聖戦完遂を期した軍国教育を受けていた。当時、私たち軍国少年が憧れたのは、霞ヶ浦にあった海軍予科練習生（通称・予科練）と、瀬戸内の江田島にあった海軍兵学校（通称・海兵）だった。丈の短い鉤《かぎ》ホックの制服に白い海軍士官帽、腰に短剣を帯び、腕を脇に近付ける海軍式の挙手の敬礼――とにかく凛凛しかった。それにしても海陽中等教育学校開設のニュースで、私はなぜ海兵を連想したのだろう。もちろん男子校ということから来る連想もあるが、さらに言えば三河湾に面した蒲郡と瀬戸内に面した江田島、「次代のリーダー養成」と「海軍エリート士官の養成」が重なったのかもしれない。そう言えば校名も海軍に通ずる「海陽」だった。大海原の水平線の彼方から朝日が昇ってくる、まさに旭日旗（海軍旗）のイメージである。こうした軍国少年の成れの果ての連想が是か非かはともかくとして、この「海陽」なる名称には、明るくて広やかなロマンチシズムが感じられるのも事実であろう。

海陽だけを受験したという愛知県豊田市の女性会社員（38）は「公立が悪いとは思わないが、全人教育などの考えに共感した。既存の進学校とは違う教育をやってくれそう」と話した。

（二〇〇六年一月二九日「朝日新聞」朝刊）

この女性は、この学校が掲げた教育理念にいたく共感している。恐らく彼女は既存の進学校に見られるような偏差値ロボット的な、鼻持ちならないエリート意識だけの「痩せた」生徒に飽き足らなさを感じていたのだろう。知・情・意のすべてにわたって偏《かたよ》ることなく、真に豊かな人間教育を行う、そうした建学の精神に期待したのだ。恐らく松下政経塾が政界や経済界に相当数の人材を送り出しているように、この海陽中等教育学校も相応の人材を各界に送り出していくことになろう。しかし、ゆめゆめおのれ一身の栄達のみを追い求めるようなスノッブ（Snob）だけにはなってほしくない。スノッブとは「紳士気取りの俗物、地位財産などを過重視し、上位の者にへつらい、下位の者に威張り散らす、さもしい人間」を意味する。まさに似而非《えせ》エリートと言っていい。

エリート養成教育を巡って

私たちは、最近、こうした勝ち組にこだわるあまり、お受験的な学力本位の教育に走り、本当の人間教育という側面を矮小化してきたのではないだろうか。こうした時に海陽中等教育学校が登場して来たのだ。非常に穿った言い方をすれば、海陽中等教育学校開学の報道には、最近のこうした進学競争に直結するような――国の定めた必修科目であっても、大学合格率を上げるためには世界史を未履修にする――大学受験優先の痩せた学力主義の風潮に対して一石を投じた、そんな批評的な意味合いも見て取れる。

先日、格差階層化状況に触れて政界筋から半ば本音とも取れる発言を耳にした。「上流も下流もそれなりに暮らせば済む話」と言うものだ。高度経済成長期に時の大蔵大臣が言った「貧乏人は麦を食え」に匹敵する発言であろう。

最近　生きていくことが嫌になってきました。クラスでは「貧乏」や「泥棒」と言う声がたえず響いていて、その時は悲しい気持ちになります。それがもう3年間も続いていて、もうあきれています。それに、毎日おもしろおかしくそいつらは笑っているのです。そう言うことでこの度死ぬことを決意しました。

私が、死んだ後の物はAとBで分けて下さい。机にある小判は私だと思って持っていて下さい。

AとBは僕の分まで長生きして、いい職について下さい。

いつも空から家族を見守っています。

さようなら

いままで育ててくれてありがとう

母さん父さん

By 〇〇

（二〇〇六年八月二六日「朝日新聞」夕刊）

（注＝A、Bは弟、〇〇は本人の名前）

愛媛県の中学一年生の男子生徒（一二歳）の遺書である。これについては特段の解説は不要であろうが、ただ一点、自分の弟たちに言い残した「いい職について下さい」に込められた思いはたまらない。「貧困からの脱却、下流からの上昇」の願いを込めた遺言であろう。「格差はあるのが当たり前、上流も下流もそれなりに暮らせば済む話」と突き放したような言い方は、この多感な少年にとっては決して「済む話」ではない。来る日も来る日も「ビンボウ、ビンボウ、ドロボー、ドロボー」と揶揄される。それはある意味では「キモイ」「クサイ」以上に辛い言葉であったろう。

子供の置かれた経済格差は目に見えて顕著になってきている。塾の経費はおろか学用品代や給食費、修学旅行や夏季学校などの参加費にも事欠く家庭が急増している。その一方で、相応の学費負担を覚悟の上で、この海陽中等教育学校をはじめ、多くの私立校を受験する子供も増えている。因みに朝日新聞の二〇〇六年二月一九日版に掲載された海陽中等教育学校に関する後追い記事によれば、その学費は年間三〇〇万円と言う。それは同じように学校に寮のある受験名門校ラサール中学（鹿児島市）の約二倍に相当する。この三〇〇万円という金額は経済格差のボーダーラインを表す数字だったが、ここでは一人の子供にかける教育費として、これだけの金額が想定されているのだ。

かつて「一億総中流」というキャッチフレーズが使われたことがある。経済成長の最中、盛んに飛び交ったフレーズだが、それを実感したのが「3C」（カラーテレビ、クーラー、自動車）の普及だった。「夢のマイホーム」も夢ではなくなり、「いつかはクラウン」（当時のCM）と言われた高級車もローンの組み方で手の届くものとなった。それが今では、派遣やパートといった雇用の差別化が進み、新しい多くのワーキング・プアが生まれている。規制緩和によるアメリカ型の競争社会を志向したのだが、現実はイギリス型の階級社会に移行している。こうした格差は生活レベルに留まらず文化や教養といった側面にまで浸透している。最近、「ワーキング・プアの世襲化」とか「貧困の再生産」、さらには「貧乏ジュニア」といった言葉まで目にするようになった。ここで報じられた海陽中等教育学校開設のニュースは、こうした時代の趨勢に沿ったものであろう。

この日の朝日新聞には、海陽中等教育学校に関する二人の識者の談話が掲載されていた。この学校をどう評価するか、二人の対照的な見解は以下に示す通りだが、これは単に格差階層化社会状況における学校教育の在り方だけでなく、国の公教育を巡る議論として、誠に興味深い談話と言える。

先導的役割を――「国家の品格」の著者で、設置計画にたずさわった藤原正彦・お茶の水女子大教授の話

日本が立派な民主主義国家となるには、偏差値エリートではなく、文学、歴史、科学、芸術などの教養と大局観を身につけた「真のエリート」が必要だ。海陽が先導的な役割を果たしてくれればと思う。海陽が重視する日本文化の学習は日本人の誇りや自信につながる。

格差の象徴だ――教育評論家の尾木直樹さんの話

教育格差は広がっており、平等で対等という従来の教育に真っ向から対立する理念を掲げる海陽は格差社会の象徴ともいえる。全寮制で、知的にも家庭的にも同じ水準の子とだけ交わっていて、本当のエリートが育つかは疑問だ。庶民や勉強が出来ない子の気持ちがわかってこそ真のエリートといえる。

（二〇〇六年二月一九日「朝日新聞」朝刊）

第二章　「できる者」と「できん者」――学力格差を巡って

格差社会状況は決してトータルな形で語れるものではない。何を物差しにするかによって「○○格差」といったものがクローズアップされてくる。経済格差や所得格差は子供たちを取り囲む教育格差や文化格差をもたらし、さらには学力を支える意欲や気力の格差にまでつながっていく。最近では希望格差といった言葉まで登場している。

以下、この章では子供たちの学習意欲や人間性といった側面まで視野に入れて、現在と未来の「子供の事情」に目を向けていくことにする。

一　学びからの逃走

私はサルになりたい

いささか旧聞に属するが、一九九八年一〇月三日の朝日新聞夕刊に「原宿に悲劇の前触れを見た」

なる大見出しの記事が載った。イタリアの衣料メーカー「ベネトン」の広告の企画・制作者で写真家のトスカーニさんがポスターの題材に日本の若者を選んで、その撮影のために来日したことを報ずる記事である。トスカーニさんはこれまでも廃油まみれの水鳥や黒人女性が白人の赤ん坊を抱いて乳房を含ませている姿を撮影し、それをポスターに使って大きな反響を呼んだ世界的な写真家である。今回は、東京原宿に群れる日本の若者の素顔を狙って、いかなるメッセージ写真を撮るのだろうか。以下はその取材の経緯を報じた記事の一部である。

原宿の若者たちは世界一おしゃれで清潔、暴力とも無縁で、まるで天使のように見えた。

一人ひとりにインタビューしたが、だれも政治や社会について語らなかった。「日本の現実を無意識に拒絶する彼らは、実は悲劇の天使なのではないか」と思えてきた。

欧州の高級ブランドと古着をさりげなく着こなした少女は「未来よりも大昔の方がいい。サルになって、この世の生まれた時まで戻りたい」と語った。

（一九九八年一〇月三日「朝日新聞」夕刊）

この記事から私たちはいったい何を読み取ったらいいのだろう。まず最初に目についたのは「現実を無意識に拒絶する」という指摘だが、これは何も街中を徘徊する子供だけに限られたことではない。例えば大学生たちでも社会問題に対する関心は決して高くはない。「世界一おしゃれで清潔、暴力とも無縁」なこの国の若者や子供たちの常套句を使って言えば、平和や人権や環境といったトピックスは、すべて「カンケーナーイ」ことになる。そして自分自身の将来の希望や夢さえも「ワカンナーイ」と言うのだろう。高級ブランドを着こなした少女が口にした「大昔のサルになりたい」というつぶやきも決して実体のある言葉ではない。もちろん「自由」とか「自然」とかの暗喩表現でもない。そこにあるのは限りないまでの「けだるい気分」だけだ。それもアナーキー（虚無）とかアンニュイ（倦怠）とかいった、そんな上等なものではない。トスカーニさんは、そんな気分を感じ取って「悲劇の天使」と言ったのだろう。

豊かさの恒常化の中で

はなはだ奇妙な習性だが、私は夜のコンビニを見ると心が踊ることがある。戦前、私の父は東京の下町で呉服関係の商いをしていた。休日は一日《ついたち》と一五日の月二回、使用人たちは連れ立って他出するが、家族は近まの買物程度で時を過ごして、家でのんびりと過ごす。しかしお盆とお正月は違う。みんなで円タク（一円タクシー）に乗り込んで浅草六区や上野広小路などに出かける。そしてチャンバラ映画や軽演劇を観て、「びっくり食堂」といった類いの店で丼物や、「モーリー」なる洋食屋でライスカレーなどを食べて帰る。それはまるで夢のような一日だった。こうした「ハレ」の日のために普段の「ケ」の日は額に汗して働く、それが当時の庶民のライフスタイルだった。近くの神社仏閣の縁日にもよく出掛けた。そこには華やかなアセチレン・ガスの明かりに照らされた屋台が並ぶ。私が夜のコンビニに心を弾ませるのは、色とりどりにライトアップされたコンビニがそうした縁日の夜店を連想させるからだ。言うならばコンビニは現代の夜店であり、そこへ行けば好きな時に好きな食べ物が手に入る。そして子供たちは、二四時間営業の不夜城のようなコンビニの前でたむろして夜の更けるまで遊び興じて時を過ごすこともできる。

要するに、今の子供たちにはこうした快楽の誘惑を断ち切ってまでして勉強に向かうほどのモチベーションはない。「勉強しないと、先々、食っていけなくなるぞ」といった一昔前の説教は、今の子供たちにはまさにナンセンスでしかない。何もそこそこの大学に行かなくても、ちょっとした小銭ぐらい、たやすく稼げるご時勢なのだ。フリーターと言われようとニートと言われようと食べていくぐらいなんとでもなる。渋谷でインタビューされた男の子はマイクを前にして「楽しいじゃん、毎日ここに来る。お金？　なんとでもなる」と答えていた。貧困や下流からの脱出を夢見て刻苦勉励、学びに向かうといったハングリー精神とは無縁のところで、一部の子供たちは自らの意志で自堕落な生き方を選んでいる。いわゆる「下流志向」とまで言われている若者たちである。

学習性無力感

数年前、なんともやりきれない事件が起きた。アパートの一室で幼児が飢餓状態で凍死していたのだ。パトカーが駆け付けてみると、そこには三〇歳前の女性が、死んだ幼児を抱いたまま座っていたという。このニュースを知った時、私は歯ぎしりしたい思いに駆られた。何ゆえ何の手も打たずに、ただ無為に時を過ごしていたのか。意外なことに彼女は短大出の女性だった。たとえ社会福祉科や児童科出身でなくても市役所の福祉厚生課や児童相談所、あるいは地域の民生委員などに相談するぐらいの判断はできたろうに。識者によれば、かかる事態を招いたのは、ひとえに彼女の「学習性無力感」によるものだと言う。原宿の「サルになりたい」とつぶやいた少女にも通ずるものであろうが、こうなると学歴も教養もまったく意味をなさない。無気力・無力感は学びから逃げている今の子供たちにも共通する。

学習性無力感、この言葉から思い起こされることがある。内地留学の形で、一年間、私の講義を受けていた長野県の中学校の先生から聞いた話である。中学校で防災避難訓練を実施した時、生徒たちを誘導しながら足早に階段を降りて行くと、踊り場に数人の男子生徒が足を投げ出すようにして座っていた。先生が「お前ら、何してるんだ」と聞くと、一人の生徒が「俺らよー、アホだから、おっちんでもいいんだ」とうそぶいたと言う。「自分はアホだ」と広言して憚らない自己意識。当然、彼らには学習に対するモチベーションはない。さらに言えば、彼らはこれまでの教科学習や学校行事や部活といった学習場面で、自尊感情を覚えるような体験は皆無だったのだろう。学びに背を向けたこうした子供たちは、今後どう扱われていくのだろうか。全国一斉の悉皆《しっかい》テストでは成績が数値化されて公表されるだけに、こうした学校の平均点の足を引っ張るような子供たちは、あるいは学力テストの当日は別室待機や欠席扱いになるのであろうか。

学校は通過儀礼の場

一時期、学級崩壊や荒れる教室といった言葉が盛んに使われたことがあった。その頃、教育系の学生たちに「学級崩壊」を特集したＮＨＫ番組のビデオを観せたことがある。スタッフが長期間、関西のとある公立の小学校に張りついて取材したもので、学生たちは息をのむようにして見入っていた。

……戦慄すべき高校の実態を現場の教師が初めて明かす……

高校が崩壊する　いまや公立高校の半数は街中と同じになった。

授業中の化粧、携帯電話、マンガはあたり前。

窃盗さえも日常茶飯事。日本の終末を予感させるレポートである。

［主な内容］

◇クラスの半数が授業無視　◇注意すればムカツク

◇盗まれたやつが間抜け　◇オール１でも高校生でいたい

◇人権盾にやりたい放題の親と生徒

これはその頃、出版された本の広告である。誠にセンセーショナルな内容だが、話半分としても当時の荒廃がいかにすさまじかったかを思い知ることができる。私の想像では、学校選択制度の実施を背景にして、今後は、こうした教室の荒廃は放置されることなく、より徹底した管理教育が行われていくのであろう。政界筋で口にされる「規律・規範の重視」である。

私の大学では、毎年秋に国語教育研究集会を開催している。その中高分科会の席上で、神奈川県立のある高校の国語科教師をやっている卒業生が小説教材『山月記』（中島敦）の授業実践の発表を行った。その時、ちょっとした出来事があった。彼は発表の中で、自分の授業風景のビデオを観せたのだが、そのビデオに見入っていた会場が突然ざわついたのだ。助言者席にいた私にはモニターテレビが見えないので、初めは何があったのかわからなかった。発表者も同様だったのか怪訝《けげん》な顔をしていたが、そのうちに事態がのみ込めた。先生と黒板を写していたカメラがパンして、教室の生徒たちの様子が写されたのだ。ほとんどの女生徒の机の上にはペットボトルが置かれ、生徒が時折、そのボトルを口にしている。それだけではない。下を向いて携帯電話に見入っている生徒も写った。そうした教室の風景に学生たちが沸いたのだ。面白いことに発表者の先生は、最後まで事の顛末《てんまつ》がのみ込めないでいた。つまりは学生たちと先輩の先生との間には、ちょっとした意識の落差があったということだ。高校生にとって口が渇けば授業中であってもドリンクを口にするのは至極当たり前のこと。授業中、マナーモードの携帯電話に目を落とすぐらい、どうと言うほどのことでもないのだろう。先生から見ても、生徒等のこうした行為は些事でしかなく、いちいち突っ掛かっていたら授業にならない。それにしてもこの会場にいた学生たちはよほど真面目な高校生だったのか、あるいは相当に「遅れている」のか、とにかく私には面白い場面だった。念のために断っておくが、ビデオに写った高校は、決して低レベルの学校ではない。私の意識では由緒正しき県立高校である。

このビデオの授業風景で改めて思い至ったことがある。それは現代の教室は、真面目か否かは別にして「一心不乱に勉強する」とか「勉学に励む」とかいった、昔の小学唱歌のような情景とは無縁のところにあるということだ。勉強は塾、学校は息抜きと遊び。もはや一部の子供にとって、学校は学びの場でなくして、単なる通過儀礼の場になっているのかもしれない。

学力低下の背景にあるもの

学生と一緒に津和野を訪れた時、こんなことがあった。文豪森鷗外の墓の前で一人たたずんでいたら、女子大生風のグループから声を掛けられた。お墓をバックにして、カメラのシャッターを切ってくれという頼みだった。私は構図を考えながらファインダーを覗いていたら、その中の一人が「すいません！　シンリン太郎の文字が読めるようにお願いします」と言った。一瞬、耳を疑ったがすぐに了解できた。森鷗外の墓には、陸軍軍医総監とか帝室博物館総長とか勲一等とかいった類いの位階勲等も肩書きも一切付いていない。ただ「石見の人・森林太郎」として葬られている。しかし、それをこの女子学生が「シンリン太郎」と呼んだからと言って、ことさらに彼女の不明を笑うことはできない。森鷗外の本名など、国文科や日本文学科の学生でも知ってはいまい。この森鷗外とは別に、今度は島崎藤村でエッ？　と思ったことがある。東京のＪＲの車中で真面目そうな高校生のグループが試験の範囲なのか、盛んに近代文学の作家名を口にしていた。その中で「島崎フジムラ」が飛び出てきたのだ。よほど教えようかとも思ったが黙っていた。

二〇〇二年（平成一四）の完全実施を目指して、鳴り物入りで登場した「ゆとり教育」の教育課程は、一九九八年（平成一〇）に告示されるやいなや、学力低下の大合唱を浴びて、早々と死に体と化したのは周知の通りである。週五日制、「総合的な学習の時間」、個性尊重、興味関心の重視などなど、その特質はいろいろあったが、中でも「学習事項の厳選」によって、長年、口に馴染んできた円周率「三・一四」が「およそ三」になったことは大きな話題になった。台形の求積の公式も、長方形の求積と同じ考え方で教えれば済むのに、学習負担の軽減ということで削除された。英語も「always」「ask」「arrive」といった基本単語までカット。中学校の国語科では日本文学史の知識は扱わないことになった。二〇〇二年版の国語教科書編集では、随分と気を遣った。週刊誌などでは、こうした事例を挙げて「日本人がバカになる」といった見出しまで付けて「ゆとり教育」を叩いた。

こうした「ゆとり教育」による完全週五日制の実施は、大幅な授業時数の減少をもたらした。例えば小学校の一九七〇年前後の総授業時数に比べて、この「ゆとりの教育」が始まった二〇〇二年では、年間で約一、〇〇〇時間も減っている。そうした趨勢の中で、日増しに子供たちの学力低下を憂うる声が大きくなっていった。やがて地域によっては塾に行く子と行かない子の学力格差がより鮮明になっていき、学区外通学や中学の公立離れが進むことになる。

二　できん者はできんままで結構

「実直な精神」に思う

こうした「ゆとり教育」への批判が高まるのと時を同じくして、教育改革を進めた当局側からの補足説明的な発言が続いた。中には関係有識者の半ば本音とも居直りとも取れるようなコメントも発表された。次に掲げるのは、ある意味で私が最も衝撃を受けた談話である。

学力低下は予測し得る不安と言うか、覚悟しながら教課審をやっとりました。いや、逆に平均学力が下がらないようでは、これからの日本はどうにもならんということです。つまり、できん者はできんままで結構。戦後五十年、落ちこぼれの底辺を上げることにばかり注いできた労力を、できる者を限りなく伸ばすことに振り向ける。百人に一人でいい、やがて彼らが国を引っ張っていきます。限りなくできない非才、無才には、せめて実直な精神だけ養っておいてもらえばいいんです。

（斎藤貴男『機会不平等』文藝春秋、二〇〇〇年）

これはジャーナリスト斎藤貴男氏のインタビューに教育課程審議会前会長であった三浦朱門氏が答えたものである。念のため補っておけば、三浦朱門氏は保守的な論客として知られた人である。

この三浦氏の談話の何が衝撃的なのか。実際を言えば、ここに至るまでの教育改革の論議を漏れ聞いていて、学力格差についてはある程度のことは予見されていた。しかし、ここまで踏み込んで「できる子―できない子」に言及するとは思ってもいなかった。一〇〇人に一人のいわばスーパー・エリートが「国を引っ張る」から、九九人は「できんままで結構」とまで言い切った。戦後六〇年、教育基本法の理念に則った教育の機会均等なる理想は、今後どうなっていくのか定かではないが、ここでは教育にかかわる識者の本音として、それが見事なまでに否定されたのだ。

落ちこぼれの子供たちも含めて「すべての子供は均《ひと》しく同じ教育を受ける権利がある」という自由平等の精神は、たとえ建前であったとしても、教育の理想として生きていると思っていただけにショックは大きかった。確かに教育には国家経営の根幹を支える文教政策といった一面はある。「国家百年の計」につながる公の論理も否定できない。しかし、だからと言って関係の有識者が、たとえオフレコに近い発言だとしても、ここまで本音を明言していいというわけでもあるまい。ここに見えるのは、子供を選別していく論理である。一〇〇人の中の一人を選び、しかるべき教育を施し、国家的リーダーとして育成していく、あとの九九人には実直な精神を身に付ける訓練を受けさせ、国力、言うならば生産力・軍事力の質の向上に資する――三浦氏の発言の趣旨はそういうことだろう。しかし、三浦氏の言うように、一人の子供にはスーパー・エリート教育を施し、九九人には実直なる精神の注入教育を行うといったことが現実のものとなったら、いったい九九人の「できん者」や「非才・無才」は学校でどう振る舞っていったらいいのだろう。まさか不動の姿勢で立ち続ける「お地蔵さま」の役割を実直に演じていればいいというわけでもなかろう。

マニュアル労働とノン・マニュアル労働

斎藤貴男氏の著書の中に「薪を割り、水を汲む者」という言葉があった。牧歌的な時代の単純な労働を意味する譬《たと》えであるが、何時の時代にあっても社会を維持していく上で、こうした肉体労働・マニュアル労働は欠かせない。三浦氏の言う「実直な精神」とは、こうしたマニュアル労働に従事する人材の資質を言ったものである。それに対して頭を使う労働をノン・マニュアル労働と言うが、いわゆるデスクワークをイメージすればいいだろう。

こうしたマニュアル労働に言及する時、引き合いに出されるのが大手ハンバーガー店の労働である。今度どこに出店するか、ハンバーガーの単価をいくらにするか、米国産の牛肉を使うかどうか、そんな戦略判断は系列チェーンの本部にいるエリートが受け持つ仕事だ。つまり頭を使ったノン・マニュアル労働である。店頭販売の末端では、とにかく手と足を動かすことが一義になる。中間管理職の店長はストップ・ウォッチを片手にして、カウンターで接客しているパートやバイトの手際の良さと能率性を評定している。そこではお客の対応もマニュアル通りに機械的に進めればそれで済むのだ。魚屋のおばさんが馴染みの客に向かって口にするようなお愛想など、まったく無用なものとなる。

こうした実態を踏まえて「社会のマクドナルド化」といった言葉まで目にするようになった。これは多くの人間が広範囲にわたってマニュアル労働に組み込まれている状況を言い表した言葉だ。「社会のマクドナルド化」状況については、既に七〇年も前に映画の鬼才チャーリー・チャップリンが『モダンタイムス』(アメリカ、一九三六年公開)の中で戯画化している。経営者と覚しき一人の男がカメラで労働者の働き振りを監視しながら流れ作業のコンベアーベルトの速度を調節している。チャップリン扮する労働者がその流れ作業に追いまくられ、果ては大きな機械の歯車に巻き込まれたりする。もちろんチャップリンは単なるドタバタ喜劇を作ったのではない。この無声映画を通してアメリカ産業化社会が抱え持つ人間疎外状況を告発したのだ。最後は例の山高シャッポにステッキ姿のチャップリンが恋人とともに草原を歩いて行くシーンで終わるのだが、その行く手にある世界は、人間が人間らしく暮らせる反近代的なパラダイスであろう。後年、チャップリンはマッカーシー旋風の赤狩りの餌食になって、ハリウッドを追われることになる。

しかし、マニュアル労働と言われる手仕事は、完全に人間性が疎外された単なる労役に過ぎないものなのかどうか。『モダンタイムス』とは対照的な視点を持つ映画『刑務所の中』（崔洋一監督、二〇〇二年公開）には、実に印象的なシーンがある。ガン・マニアの男が銃刀法違反で刑務所に入所し、独房の中で紙袋の糊張りを続けるシーンだ。彼はこの退屈極まりない単純作業に、初めは乗り気でなかったのだが、徐々にのめり込んでいく。小さな座り机の上に材料をどう配置するか、どういう手順で作業を進めるか、こうした創意工夫が面白くなってくる。彼の頭の中からは監守の目も仲間の囚人の思惑も、袋一枚作っていくらといった工賃も一切消えて、ただこの手仕事に没頭していく。喜びに輝く彼の顔のクローズアップがとても印象的だった。

チャップリンは「マクドナルド化した労働」の没人間性・没主体性といった側面を描いた。それに対して、崔洋一監督は、たとえ「マクドナルド化した労働」であっても、そこには人間の主体性と生きる尊厳が介在する側面があることを戯画化して描いた。つまりは他律的な肉体労働や単純な手仕事であっても、そこには指示通りに動く愚直さ以上の、人間の創造性や個性が介在するということだ。

所得格差が学力格差に直結していくような社会状況下にあって、私たちは「できん子」を「できんまま」にして、ただ実直さだけを養っていけばいいというわけにはいかない。「できん子」が将来、なんらかの形で「マクドナルド化した労働」に就くとしても、なんらかの形で働く喜びや楽しさを見いだし、人間として心豊かに生きていく、そんな人間に育ってほしい。それが、今の子供たちに対して抱いている私の最も大きな思いである。

第三章　学びに向かわせるもの

前章では格差社会と言われる時代状況下にあって、学びに背を向けている子供たちの現状や将来について思いを巡らせてきた。確かに勉強には快楽とは裏腹の刻苦勉励といった側面が付いて回る。しかし同時に子供は子供なりに、勉強することの楽しさを実感している部分もある。本章ではこうした勉強の面白さや学ぶことの張り合い、つまり勉強に向かうモチベーション（意欲・動機）について考えていくことにする。

一　社会的上昇と自己成長

ローベン事件の痛ましさ

「ローベン」と言われて、それがいかなるものか見当つく人は相当の年配であろう。「ローベン」は「蝋燭《ろうそく》勉強」の謂《い》いで、終戦直後のほんの一時期、一部の子供たちの間で使われた、いわば「仲間語」であった。日本がアメリカ占領軍の統治下にあった焼け跡・闇市時代の話である。とにかく食料は言うに及ばず、あらゆる生活物資が不足していた。私は終戦の翌年の四月に、旧制中学に入学したのだが、その頃撮った先生方の集合写真が手元にある。ほとんどの先生は丸坊主に兵隊服、前列に腰掛けている先生方は下駄や藁草履《わらぞうり》をはいている。弁当は大根飯か芋飯、豆かすの粉のお焼きの時もあった。その頃、どういうわけか水曜日が休みになった。生徒も先生も弁当が持参できないからだといった噂も流れたが真偽のほどはわからない。教科書はタブロイド版の紙一枚だった。学校から配布されたのだが、それを切り分けてページ順に揃えて作った。ノートは新聞紙を使った。活字で埋まっている記事面は計算用紙と英語スペルの練習に、上下左右のわずかの余白部分をノートとして使った。

その頃、予告なしの停電が毎晩のようにあった。定期試験の勉強をしていると、八時、九時というのに電灯が点滅し、やがて消えてしまう。ここから蝋燭勉強に切り替わる。母が工面してきた一本の百匁蝋燭《ひゃくもんめ》に火を付け、机の左前に立てる。冬の夜、抱えるようにして暖をとっていた手火鉢の中にジャガイモを突っ込んで焼き、それを食べて空腹を凌《しの》いだ。すると今度は眠気が襲ってきて、首がガクンと前に折れる。とたんに肉を焼いたような臭いが立ちこめる。蝋燭の火で毛髪が焼けたのだ。ところが、最初はどういうわけか睫毛《まつげ》がチリチリと一瞬のうちに焼けてしまう。それから眉毛や前髪が焦げる。翌日、学校に行くと友達もツルンペロンとした顔になっていて、お互いに指さしては笑い合った。これが私の「ローベン」体験である。

数年前、ある痛ましい事件が起きた。母親と少年が火災によって焼死したのだ。この家は母子家庭で生活保護を受けていた。さらに料金未納のため電気、ガス、水道が止められていた。出火原因は少年が勉強に使っていた蝋燭にあった。蝋燭が倒れ、何かに引火したらしい。調べによると少年は蝋燭を何本も立てていたと言う。それにしても、この少年をここまで勉強に駆り立てたものは何だったのだろう。記事によると、彼は高校進学を期して日夜勉強に励んでいたらしい。

天は自ら助くる者を助く

立身の宴会

一人のやもめあり、家甚《はなは》だ貧しく、僅《わずか》に糸を紡《つむ》ぎて、暮しを立てたる程なりしが、其子《そのこ》をば、日々学校に通わせたり。されば、此子《このこ》は、母の志を徒《いたずら》にせず、勉強せしかば、大《おお》いに立身して、遂に、上等社会に立つに至れり。

(この息子がある時、多くの人を招いて宴会を開いた。その座敷には粗末な糸車が置いてあった。人々が不審に思い尋ねると、息子は「母がこの糸車で糸を紡いで自分を学校に通わせてくれたのである」と答え、老婆をその席に連れてくる。)

かくの如きよき子を持ちて、学問をさせ、終《つい》に、よき仕合《しあわせ》になりたる老婆の心は、いかばかり嬉しかりしことならん。

（『尋常小学読本　巻之六』）

＊旧漢字は新漢字に改めた。

学制発布から十数年、学校制度もまだまだ完全には根付いていない頃の教科書教材である。もちろん国定教科書だが、往時の人心の有り様が窺《うかが》えて誠に興味深い。「読本」とは「綴り方・書き方（習字）」と併置された「読み方」の教科書だが、それは読む力の習熟もさることながら、中心はあくまで徳育にあった。では、この教材に盛り込まれた価値徳目は何か。もちろん中心主題は「立身出世」である。だが、それ以外にも、かつての日本人が美徳としていた多くの徳目を読み取ることができる。貧しい暮らしの中で糸を紡ぎ、それを糧《かて》にしながら息子を学校に通わせた母親の見識、そしてそれに応えて勉学に励んだ息子の精進。こうした親子の姿は人々の胸を打つだけでなく、庶民階層に対する「お手本」の意味合いもあった。

それにしてもストーリーの展開が実にうまくできている。これまで、この母子が何かと世話になったであろう人々を招いて恩返しの宴会の席を設ける。ところが、その席には似付かわしくない粗末な糸車が置かれていた。怪訝に思った人々に尋ねられた息子はここに至った経緯を物語る。そして、思い入れよろしく老いた母の手を引いて入って来る。それを見て、人々、大いに感じ入る。心憎いばかりのエンディングである。要するに、基本的には立身出世譚《たん》なのだが、それを、こうした日本人好みの母と息子の情愛をベースにし、まるで講釈師が高座で語ってもいいような人情噺《にんじょうばなし》に仕立てた。まさに明治という時代を感じさせる教材と言ってよい。

しかし、この教材には、もう一つ別の主題が含まれている。それは「就学のすすめ」とでも言うべきものだ。一八七二年（明治五）、明治新政府は国民皆学を期した学制を公布した。しかし、庶民層のすべての子供が学校に上がったわけではない。農村にあっては子供は欠かすことのできない労働力であった。さらには「わしらみてえな者には学問は不要だ」といった意識も消えてはいなかった。しかし産業の発達と国力の増強には人的資源である国民の資質の向上は欠かせない。それゆえの「就学のすすめ」である。国民皆学を達成するにはどうするか。そこで「学校に行くこと」が「上等社会」に通ずる道であるという実利で説いたのだ。

この教材の背景には、明治の啓蒙思想家中村正直の『西国立志伝』（一八七一年）の存在が見てとれる。自主独立の人格形成と「Self-help」の思想である。「Self-help」とは「天は自ら助くる者を助く」といった自助努力の思想である。「立身の宴会」の息子は「母の志を徒にせず」、自らの意志で学問を修めた。その精進努力が天に届き、今日に至ったということである。往時、わが国には、貧困にあっても、才長《た》けて向上心を有する庶民の子弟には篤志家が支援するといった風潮があった。世界的な医学者になった野口英世、駐ソ大使・外務大臣になった広田弘毅なども「天は自ら助くる者を助く」を地で行った人物と言っていい。

立身出世主義の裏にあるもの

ところで、こうした立身出世譚は世間から喝采《かっさい》される一面もあるが、その反対に常にある種の負のイメージも付いて回る。成功者を薄汚いダーティーな奴と言って蔑視する風潮である。学校でもガリ勉、点取り虫、がめつい、エゴイストといった言葉が飛び交う。そんなこともあって、自分の「もー勉」（猛烈勉強）ぶりは隠すのが一般的だった。それと対になるのが親の遺産で既に上流に居座っている「Snob（俗物）」特有の目線である。自助努力によって相応の地位に至った者を「成り上がり者」と言って見下すのだ。しかしいつの時代にあっても、あの「ローベン少年」のように自主独立を目指して自助努力を続けることは否定されるべきものではない。

身を立て　名を挙げ　やよ励めよ（「仰げば尊し」一八八四年）
志を果たして　いつの日にか帰らん（「故郷」一九一四年）

先日、ある小学校の音楽専科の先生からこんな話を聞いた。この二つの小学唱歌は音楽的にも優れており、また児童たちも好むのに、この歌に込められた「立身出世主義」的な内容が時代に合わないとして学校では歌えなくなっていると。

確かに戦前の教科書に見られる「立身出世主義」は露骨だった。大正年間の修身の教科書には、例えば「人間の篩《ふるい》」と題した大きな挿し絵が載っている。さまざまの服装をした人が、大きな篩の中に入れられて、篩にかけられている。外へ振り落とされまいと篩にしがみついている人、真っさかさまになって落下していく人もいる。そして、そこには「成功者となるか、落後者となるか」と言ったコメントまで添えられている。往時の子供たちは、どんな気持ちでこの挿し絵を眺めたことか。『尋常小学修身書　巻二　児童用』には「五　ベンキヤウセヨ」なる題名のついた教材がある。それにも大きな挿し絵がついている。柳の根かたに継ぎ接《は》ぎだらけの着物をまとった、昔で言うところの「お乞食さん」が座っている。その傍らにはシャッポを被った羽織袴姿の紳士がステッキ片手に、その「お乞食さん」を見下ろしている。そして、その挿し絵の下には次のような文章が載っている。

> ココニ　二人　ノ　ヲトコ　ガ　ヰマス。二人　ハ　モト　オナジ　ガクカウ　ニ　ヰマシタ。一人　ハ　センセイ　ノ　イマシメ　ヲ　マモラズ、ナマケテ　バカリ　ヰタ　ノデ、コンナ（略）
>
> （『尋常小学修身書　巻二　児童用』）

ここに見られるのは、典型的な人生競争の構図である。同級生の一人は「先生の戒めを守らず、怠けてばかりいた」ので落後者になった。もう一人は先生の戒めを守り、苦しい勉強にも耐えたからこそ今日の地位に至った。言うならば寓話「蟻とキリギリス」そのものであろう。ここで提示されたのは「勉強は楽しくて面白い、だから勉強する」というものではなく、「勉強は苦しくて辛い。

けれども先々のために勉強する」といった学習観である。内申書の成績や模擬試験の偏差値を上げ、少しでも上位の難関校を突破するために猛烈に勉強するのだ。

ある大手予備校のカリスマ講師が浪人生を前にして「偏差値五〇以下は人間ではない」と言い切ったという。偏差値は他者の成績との比較に基づいた相対的な位置を示した指標であって、この「偏差値五〇以下」は平均以下に相当する。それを「人間ではない」といささかセンセーショナルな言い方をしたのだが、彼の真意はあくまで生徒たちに対する叱咤《しった》激励にあったのだろう。「人間ではない」とまで言われて憤慨して席を立った若者もいるだろうが、逆に、その言葉に発奮して頑張ったという生徒もいる。つまり、この言葉は生徒を勉強に駆り立てるインセンティブ（刺激・要因）になっている。

こうした勝ち負けにつながる競争について、実に微笑ましい場面に立ち合ったことがある。小学校の低学年の教室で、お帰りの時間に児童が騒いでいた。その時、ベテランの担任の先生が「ハーイ、どの列がいちばん、いい姿勢をしているかな」と言いながら思惑ありげに座席の並び方を眺め回した。すると子供たちは列を正して「シーッ！　シーッ！」と言いながら競うように背筋を伸ばした。先生、やおら「ハーイ、この列」と言うと、その列の子供たちは「先生、さようなら！」と挨拶して教室を出て行く。わずか数秒早く廊下に出られるだけなのに、子供たちは、先生が設定した競争原理に反応して一定のアクションを起こしたのだ。この競争に勝てば「早く廊下に出られる」というご褒美《ほうび》がインセンティブとして機能したのだ。

スタンドバイミー——線路を歩く少年

山梨県の小淵沢から長野県の小諸までを走る小海線に、野辺山という駅がある。その駅から程近くの県境のところにJR最高地点がある。天候に恵まれれば、編笠、権現、赤岳、硫黄岳といった八ヶ岳連峰が手に取るように見える。私は、その線路の中に入って長野方面を見はるかすのが好きで、車で通る時はよく降り立ってはその展望を楽しんでいる。二本のレールが左と右から伸びて来る、そして視線の遥か先の一点で二本のレールは合体する。典型的な遠近法の構図である。夏の終わりには、線路の両脇に寄り添うように色とりどりのコスモスの花が続いている。まさに印象派の風景画の世界だ。

数年前のこと、この線路内に男の学生四人を歩かせ、その後ろ姿を写真に撮ったことがある。「ハイ、ポーズ」といった類いの写真とは違って、それなりのストーリーが感じられる写真に仕上がった。その後、小学校の先生方を対象にした講習会の席で、この写真にタイトルやキャプションを作らせたことがある。つまり在るがままの「名無し」の実在に「名付け」をして、それを認識する。言語表現の持つ特質を問題にしようとしたのだ。先生方は興に乗ってその写真が内包する意味をあれこれ考えていた。出来上がったタイトルを黒板に張って批評し合ったが、いずれも傑作ばかりだった。「甲斐から信濃へ」「線路は続くよ、どこまでも」「山の彼方の空遠く」「少年よ、大志を抱け」、いろいろあったが最高に人気を集めたのは「スタンドバイミー」なるタイトルだった。

ところで、私がこうした遠近法の構図を好むのは、そこに「少年の日の思い」を感じるからだ。目の前の、この真っすぐな道をどこまでも歩いて行きたい。線路の向こうの、まだ見ぬ世界に立ち入ってみたい。言うならば夢見る少年の心である。しかし、単に好奇心だけで「山の彼方」に心を馳せるのではない。「今いる自分の世界」に飽き足りなさを覚えているからこそ、遠くを見るのだ。現状に対する反発や嫌悪と言ってもいい。さらに言えば、自分の生まれ故郷、自分の生家、つまりは自分の「Original - point（出自）」からの脱出を夢見ているのだ。物語風に言えば「村を出る」といった構図である。先に挙げた「ローベン」少年は現状からの脱出を願って、「山の彼方」の世界に思いを巡らせながら勉強していた。できたら今すぐにでも「スタンドバイミー」の少年たちのように線路に沿って歩き出したかったのであろう。

今、「Original - point」からの旅立ちと言ったが、その根底に在るのは、「よりよく生きたい」という自己成長の思いと、「私なりに生きたい」といった自己実現の思いであろう。しかし、こうした思いは何も「いい子」だけのものではない。たとえ今、心の荒れや生活の崩れを垣間見せているような子供であっても、あるいは学びに背を向け、学びから逃走しているような子供であっても、こうした自己成長と自己実現の願いは内在しているはずだ。こうした願いは学習して身に付ける類いのものではない、すべての人間に内在している自然な思いと言っていい。問題はそれに気付いていないだけのことだ。私たちがなすべきは命令や指示ではない。自己の内なる自己成長と自己実現の思いに対する「気付き」を促すことだろう。そして、その子なりの自己成長と自己実現の歩みを支援していくことだろう。国語科に限って言えば、多くの文学作品を読むことで、あるいはスピーチや話し合いや作文といった言語活動の中で「私らしく生きる」ことを問い続けていく、そんな授業場面を意識的に設定していくことだ。「サルになりたい」と口にした原宿の少女やネット心中に走る若者たちにこそ、こうした「気付き」の支援を行うべきであった。

進歩向上への欲望

中学生だった息子が夕方になっても帰って来ないので、学校まで様子を見に行ったことがある。フェンス越しに目をやると、男の生徒が一人でサッカーの練習をやっていた。息子だった。どうやらコーナーキックの練習をしているらしい。そのうちに彼の意図がわかってきた。彼はキャプテンであったが、右足のセンターリングはできるのだろう。そこで今は左足のセンターリング、それもブラジルのジーコのようなノータッチゴールの練習を一人でやっているのだろう。要するに、今の自分のレベルを少しでも高めたいという能力伸張の欲求に基づいた努力だった。私は声を掛けないまま、校庭を立ち去った。こうしたことは何も息子一人に見られるものではない。スポーツ、楽器演奏、美術制作などの場面で、あるいは各種の学校行事の中で、実に多くの子供たちが黙々と努力を続けている。これも身近で見聞していることだが、陸上部に所属している女子中学生が学校の部活動で既に相当の距離を走り込んでいるのに、夜になると個人トレーニングと称して川の土手をランニングして来る。両足がパンパンになって親にテーピングをして貰う。さらにそれだけでは済まない。家でペットボトルに砂を入れ、それを両手に持って腕振り一〇〇回を一日のノルマにしている。傍らから見れば「何もそこまでやらなくても」といったところだが、誰かに強制されてやっているのではなく、あくまで自分の意志でやっているのだ。

以前、市民大学なる社会教育とかかわったことがある。さまざまの職種の老若男女が一日の勤務を終えて、市民会館の会場に集まってくるのだが、その学ぶ意欲の高さには本当に心打たれた。私が担当したのは「日本の文学を読む」といった講座だったが、こんな教養講座など受講したとて何の実利も実益もない。資格や勤務先の待遇と結び付くこともない。フラワー教室や手芸・華道教室のように「芸が身に付く」わけでもない。ただただ純粋に、こうした学びの場で「国語」の勉強をしたかった。そして、こうした形で講話を聴き、仲間と話し合うことがとても新鮮だったのだろう。授業が終わって私も一緒に市民会館を出るのだが、お互いに立ち去り難いのか、そのまま駅前の喫茶店に流れ込んで「補習」をやることになる。嬉々として喋る者、身を入れて聴いている者……、彼らは今、「学生時代」をやっているのだ。電気工場の工員、薬局チェーンの店員、プロパン屋の従業員、一日の勤務を終え、飲み屋やパチンコ屋で時を過ごしてもいいのに、自らの意志で進歩向上を欲して、こうした学びの場に出て来た。もちろん、ここでは単位取得が目的ではない。代返や居眠りとは無縁のところで、ただ純粋に学ぶことをエンジョイしているのだ。

少しでも自分を高めたい、少しでも自分らしくありたい。こうした思いは誰にも内在している自然の欲求である。

二　勉強の面白さと喜び――モチベーションを巡って

勉強だけがすべてではないが……

学習意欲がない息子に頭を痛めています。小学生のころから勉強嫌いでした。中学になっても悪化する一方で、成績は下がり続け、進学できる高校もないほどです。それ以外は荷物を持ってくれたりする優しい子なのですが……。成績より、意欲がなく、宿題もせず授業態度も悪いことが心配です。このままでは社会に受け入れられないかもしれません。私が働いているため、十分に対応してやれなかったかと反省していますが、どう指導すればいいのでしょう。

（二〇〇六年四月二八日「朝日新聞」朝刊）

二〇〇六年四月二八日の朝日新聞「相談室」に載ったお母さん（四二歳）の相談である。このお母さんは息子の学習意欲のなさに頭を痛め、思い余って投書したのだろう。この相談に対して浅草キッドの玉袋筋太郎さん（漫才師）は次のように回答していた。

うちにも学習意欲がない中2の息子がいるんです。「僕も助けてください。お願いします」って、それじゃ答えになりませんね。（略）

息子には「学校の勉強はできなくても、ほかに勉強することはいくらでもある。スポーツ、音楽、読書、映画、何でもいい。自分の趣味なら勉強するだろ」と学校以外の勉強があることを教えたんです。（略）

「勉強できる男」よりも、「ひとの荷物を持てる男」の部分を伸ばしましょうよ。そんな部分が伸びると、自分に自信が出て、ほかのことにも意欲がわくと思います。そういう男の方が将来、「勉強できる男」よりも人間が寄ってきてくれるイイ男になりますよ。

（同前）

この息子さんについてお母さんは担任の先生から授業態度もよくないぐらいのことを言われていたのかもしれない。だがこの投書に見る限り、少なくとも「心の荒れ」や「生活の崩れ」まで抱えているような子供ではない。むしろ周囲の人間の気持ちを敏感に察知し、ためらうことなく人のために動くことができる、いわゆる気配りの利く「いい子」と言っていい。確かに学習意欲は低いかもしれないが、普段の暮らしの中で、黙って母親の手荷物に手を差し出している。勉強はできなくても人望があるのか、彼の周りに自然と友達が寄ってくる。回答者の玉袋さんは浮き沈みの激しい芸能界にあって人情の機微に通じているだけに、ただ「勉強ができる」だけの男よりも、こうした「いい男」のほうを買っているのだ。しかし、勉強はどうでもいいというわけではない。勉強はできるほうがいいに決まっている。だが馬に水を飲ませる譬えの通り、とにかく本人がその気になってくれなければ始まらない。一にも二にも本人の気持ち次第ということになる。

勉強への飢餓体験

教育界では「モチベーション」といった言葉がよく使われるが、近年ではスポーツの分野でも頻繁に耳にするようになった。「モチベーションが高い、モチベーションを切らさない」——こんな使われ方をする。「取り組む意欲、前向きの姿勢、事に当たる気力」といったニュアンスであろう。教育界でもこれと同じ文脈で使うこともあるが、多くは「モチベーションの設定」といった形で使う。子供たちを学習に向かわせる「動機付け」の意味である。

銃後の少国民の戦争体験——少年兵志願、勤労動員、集団学童疎開……
何もかも欠乏した時代、ヒトもまた不足し、少年少女たちは労働の最前線に立つまでになった。本土空襲が始まり、大都市の焦土化が目前に迫るなかで、銃後の少国民は、彼らなりの「戦争」を戦った。

『週刊20世紀（1944）』（朝日新聞社、二〇〇〇年）の見出しとリードである。一九四一年、私が通学していた東京の小学校は国民学校になった。その翌年、四年生の時、早くもアメリカ空軍の爆撃機が東京に飛来した。どういうわけか警戒警報も空襲警報も発令されておらず、私は大通りで遊んでいたのだが、青空高く悠々と北へ向かって飛んでいく四発のボーイング爆撃機を見上げていた。その後、本格的な空襲が予想されるようになって、にわかに学童疎開が始まった。東京が焦土となる前に非戦闘員である子供たちを地方に移住させるという、今思えば国を挙げての大プロジェクトだった。それには学校単位で地方に移住する集団疎開もあったが、私は母方の縁者を頼って愛知県に縁故疎開し、山あいの小さな学校に転入学した。ところがその学校も陸軍に接収され、校舎は兵隊さんたちの寝泊まりする兵舎になった。学校の正門には着剣した衛兵が立った。馬に乗った将校が出入りするたびに「捧げ筒」をする。私たち児童は近隣のお寺に移った。その頃、いろいろな噂が流れた。アメリカ軍が遠州灘に上陸を敢行して、東日本と西日本を分断する作戦に出るらしい、そうなったら子供も竹槍を持って突撃するのだ——こんな噂まで囁かれていた。お寺に移った私たちは勉強は一切なし、毎日、勤労動員に明け暮れるようになった。中でも松根掘りは辛かった。先生と六年生全員で山に入って、松の木の切り株を掘り出す。シャベルや鍬で切り株の周囲を掘り、張り出した枝根を鋸や鉈を使って断ち切る。それから体の大きい児童と先生方が、丸太を梃子《てこ》にして切り株を持ち上げ、他の子供たちは切り株に縄を掛け、全員で「エーンヤ、コーラ」と言いながら引っ張る。大きな切り株がバリバリ、メリメリといった音を立てて抜けると、全員でバンザイの歓声を上げる。なんでも掘り出した切り株の松ヤニから松根油を精製し、その松根油で神風特攻隊の飛行機を飛ばすのだと聞かされていた。これ以外にも町工場の片付け、農家の手助け、さらには軍馬の飼料にする干し草作りなど、絶えることなく労役に就いた。こうした労役は都会育ちの疎開っ子には辛かった。藁縄《わらなわ》を作って供出する宿題もあったが、手を傷だらけにして作った私の藁縄は土地の子供たちの笑い物になった。

だが雨が降るとお寺で授業を受けることになる。授業といっても、ただ先生の講話を聞く程度のものだが、今でも忘れられないのはS先生の講話だった。お寺の座敷に正座している私たちに向かって、先生は「お前ら、小便と大便は同時に出すか別々に出すか」と発問する。みんなびっくりして黙っていると、「では馬はどうだ?」と重ねて聞く。荷馬車を引く馬の放尿と脱糞の場面を思い浮かべていたら、誰かが「一緒に出す!」と答えた。すると先生、したり顔で「アメリカ人も同時に出す。だからアメリカ人は馬と同じ畜生で野蛮人なのだ」と説明した。典型的な三段論法で「鬼畜米英」を説いたわけだが、まさに時局に沿った「授業」だったのだろう。今だから言えるのだが、子供心にもこの授業はなぜか楽しくはなかったが、とにかく雨が降ればお寺で過ごせる。どんな講話であれ、松根掘りや草刈りの労役より遥かによかった。私は雨降りを心待ちにするようになった。

勉強することができない、授業が受けられない——こうした「勉強の飢餓体験」は私にとっては実に貴重な体験だった。私は終戦の翌年の四月、地元の旧制中学に入り、やがて新制高校に進んだが、その中高の六年間、成績はよくなかったが授業そのものは決して嫌ではなかった。また一人で勉強することも決して苦痛ではなかった。英語のスペルを覚えたり、方程式を解いたり、中国の歴代王朝名を丸暗記したりする勉強に、ある種の面白さを感じていた。

外在的モチベーションについて

かつて次のような小話をテレビで耳にした記憶がある。

ある若い者が働かないで、まっ昼間からごろごろ寝ている。それを見た年寄りが叱ってこう言った。「いい若い者がなんだ。起きて働いたらどうだ」、それを聞いた若者

「起きて働くとどうなるんです？」、年寄り「働けばお金が貰えるじゃないか」、若者「お金が貰えるとどうなるんです？」、年寄り「お金があれば金持ちになれるじゃないか」、若者「金持ちになると、どうなるんです？」、年寄り「金持ちになれば寝て暮らせる」、すると、かの若者、答えて言う。「はあ、もう寝て暮らしています」

この小話は、現代のフリーターやニート、ひきこもりといった若者を前にした旧世代のいらだちと無力感を彷彿させるものだが、ここで語られた「働くこと」を「学習・勉強」に置き換えれば、そのまま学習のモチベーション論になる。この年寄りの教育原理は「勉強は苦しいが金持ちになるためには、嫌でも勉強しなければならない」というものだ。つまり勉強の外側に動機を設定して勉強に向かわせるという発想である。これは前章で見てきた立身出世主義の教育観と軌を一にするものだが、これを「外在的モチベーション」という。勉強自体に意味があるというのでなく、勉強の外側に、点数、成績、進学、就職といった動機を設定する。さらに言えば、この外在的モチベーションには、二つの方向の動機が考えられる。一つはプラス方向の「賞」、もう一つはマイナス方向の「罰」である。「試験の範囲に入れるぞ、入試によく出るところだ、できない子は居残り勉強」といった先生の言葉、あるいは「宿題やったらおやつよ、英語が4になったら自転車買ってあげる」といった母親の言葉はまさに馬を走らせるための餌と鞭である。こうした外在的モチベーションは、それなりの有効性を持つ。前章で紹介した小学校のお帰りの場面では、他の列より早く廊下に出られるという餌、そして最後まで教室に残されるというと鞭が面白いまでに機能していた。

私の旧制中学時代の評定は「優・良・可・不可」の四段階の絶対評価だった。ところが、この「優」の上に、もう一つ「特」なる成績があった。文字通り「特別」の成績である。学年共通のテストで上位数パーセントに入った者に「特」が付けられる。終業式の席上、校長が壇上に上がり、「数学、特、〇〇、〇〇」「英語、特、〇〇、〇〇」と変に間延びしたイントネーションで生徒の氏名を呼び上げていく。呼ばれた生徒は「ハイ」と大声で返事をして起立する。呼ばれるかどうかドキドキしながら座っているのだが、呼ばれた生徒の横顔がとにかく眩しかった。こうした表彰は成績上位に位置する生徒たちにとっては確かなモチベーションになっていた。お互いに「ガリ勉！ ガリ勉！」と牽制し合いながら、次の「特」を狙って「もー勉」に励んでいた。

しかし、こうした餌と鞭が日常化してくると、そこそこのポジションに位置する子供にとっては、点数だけが自己目的化し、勉強そのものはそのための手段と化してくる。つまり学ぶことが空洞化してくる。一時期、盛んに耳にした大学新入生の「五月病」などもその典型であろう。大学合格という餌にありついてしまえば、もう勉強する必要はなくなってしまう。餌と鞭が消えたら馬は走らない。そこでは走ることの楽しさや面白さなど、まったく意味をなさない。今度はもっと刺激的な餌と鞭が必要になってくる。

先に挙げた小話に出てきた若者は、年寄りが設定した「お金」というモチベーションの無意味さを知っていた。「あの先生、すぐ点数のことを言うから嫌い」とは中学・高校レベルでよく耳にする台詞だが、生徒たちは勉強の中身を抜きにして賞罰のモチベーションだけを問題にする親や教師を嫌がっている。勉強に向かわせるはずの賞罰の動機付けは、一部のお受験ロボット的な子供にはそれなりの有効性を持つのだろうが、低い成績が続く多くの子供たちには、かえってマイナスに作用するようになる。そうした評価は学習意欲を高めるどころか、かえって自分の無力感を際立たせ、自尊感情すら失い、自分を矮小化していくことになる。「先生、俺らアホだからよ、おっちんでもいいんだ」、防災避難訓練に参加しない子供の台詞だったが、彼らも、あるいは高校受験を想定して繰り返された模擬試験などによって、こうした「アホ意識」だけが形成されていたのかもしれない。

内在的モチベーションについて

数十年前、「落ちこぼれ」「切り捨て」「偏差値輪切り」などのセンセーショナルな言葉が飛び交っていた頃、盛んにモチベーションの転換といったことが叫ばれた。外在的モチベーションから内在的なモチベーションへの転換である。つまり偏差値で子供たちを序列化する教育から勉強が含み持つ楽しさや面白さに根付いた指導への転換である。

①知識拡充の欲求

国民学校の四、五年生の頃だったたか、担任の先生がお休みして、一時間だけU先生の授業を受けたことがある。なんでもU先生は高等師範とやらを出た偉い先生だと聞いていた。その時、先生は平家物語の「扇の的」の段を調子を取るようにして読んでくれた。壇の浦の合戦で那須の与一が平家の女官が手招きする扇の的を射落とすくだりだった。与一が矢をつがえて目をつぶる。そして「南無八幡大菩薩」と祈って目を開けると扇が大きく見えた。そこで「よっぴいて、ひゃうど放つ」

と矢は扇を「ひぃふっとぞ射切ったる」。とにかく調子よく面白かった。その時、U先生は「まだわからなくていいが」といった前置きを入れて「かかり結び」についても触れた記憶が残っている。後年になってわかったのだが、「扇は空へぞ上がりける」の「ぞ〜ける」の形を言ったものだろう。

「これ、なんて言うの？」――幼い子供は大人に向かって、やたらに物の名前を聞く。とにかく知らないことを知りたがる。この子を突き動かしているのは好奇動機に基づく知識拡充の欲求であろう。それは人間に内在している自然な欲求と言ってもよい。小学生相手に平家物語の古文を扱うことの是非は別にして、とにかくこの授業が面白かったのは、そこに「知らないことを知る喜び」があったからだ。

「蜜柑の袋の中の、細長い粒粒の一つ一つ、あれが細胞だ」――中学一年生の時、生物の授業中に聞いた話である。この授業が終わったあと「細胞があんなに大きいはずはない」と言う生徒が出て来て物議を醸したが、事の真偽は別にしてこの授業は「へー、ホントかよ」と思わせる刺激に満ちた授業であったことには間違いない。

高校時代の英語の授業でも忘れられない場面がある。「Sunday-clothes」なる単語と出会った時、先生はそれを「日曜日の衣服」と直訳しないで、「晴れ着」と訳した。生意気にも先生のこの和訳は実にうまい訳だと思った。日曜日に家族が打ち揃って教会の礼拝に行くときに着るものが原義だろうが、日本には日曜礼拝の風習はない。そこで先生は「晴れ着」と訳したのだろう。何かとても物知りになったような気がした。その頃、映画『荒野の決闘』（アメリカ、ジョン・フォード監督、一九四六年公開。四七年日本公開）を観ていて、あるシーンに思わず目を見張った。スクリーンには西部開拓民の一家族が「Sunday - clothes」に着飾って、馬車に乗って教会に向かうシーンが映ったのだ。「ああ、これがSunday - clothesか」といたく感じ入った。そして「日曜日に着る服」と「晴れの場面で着る服」といった英語と日本語の表現の違いと類似性に気付いて一人で面白がっていた。

以上、私が体験した授業の面白さと楽しさを紹介したのだが、これはあくまで私の個人的な体験でしかない。それも教える先生の狙いや意図とはかけ離れたところで、言うならば勝手気ままに面白がっていただけのことである。だが授業の受け方というものは本来的にそういうものであろう。今、行われているこの授業は、すべての子供たちに印刷物のように画一的に受容されているものではない。かつて国語教育界で「十人十色の読み」といった言葉が使われたことがあったが、授業の面白さや楽しさもまさに「十人十色」のものであろう。

②技能伸張の欲求

低鉄棒で懸命に逆上がりの練習に励んでいる、スイミング・スクールで眼を見開き、苦しげに顔を歪めて泳いでいる――こうした子供たちの姿はいつ見てもいじらしい。逆上がりが出来るようになりたい、自由形で一〇〇メートルを泳ぎ切りたい、その一心で努力している姿に胸打たれるのだ。子供たちをここまで駆り立てる思い、それを「技能伸張の欲求」と言う。不可能を可能にする、チャレンジ精神、向上心と言ってもいい。

ところで、こうした欲求に基づいた活動は、学校教育の体育・音楽・美術図工などの技能教科の場面だけに見られるものではない。生け花教室・スキー学校・パソコン教室といった社会教育でも、こうした欲求に基づいた活動が行われている。自動車教習所の「学習」はその最たるものだろう。そこでは交通法規や自動車の構造を理解する知識理解の側面もあるが、やはり主たる狙いは運転技能の習得にある。私は中年になってから免許の取得を志したのでS字クランクや車庫入れ、坂道発進など実に苦労した。仮免では十字路の左折で「ふらつき大」の判定を受け、指導員から練習するように言われた。自宅で円いお盆を両手に持って「手繰《たぐ》りハンドル」にならないよう懸命に練習した。家人はそうした私を指さして笑っていたが、本人は真剣そのものだった。

技能とはある結果をもたらす心身の働きを言うが、それは技能教科だけでなく、例えば算数の計算、漢字の書写、作文、スピーチ、英語の発音やスペル表記といった場面でも必要になる。さらには内容知識教科と言われる社会科や理科でも、例えば地図や年表やグラフを読んだり、そうした形式で表したりする技能が求められてくる。戦時中、手旗信号の訓練を受けた。海洋少年団や航空少年兵を志願する風潮もあって、こうした信号送受の訓練をしたのだろう。先生は屋上に上がり、右手に赤、左手に白の手旗を持ち、それをパタパタさせながらメッセージを発信する。それを校庭から見上げてノートに書き取っていく。弁当の時間にはモールス信号の技能訓練も受けた。「トツー、トツートツー、ツートトト」――これが「イ、ロ、ハ」である。「伊藤、路上歩行、ハーモニカ」といった言葉を当てて覚えた。こうした場面では「銃後の守り」「滅私奉公」といった国策標語よりも手旗やモールス信号の技能の習熟がモチベーションになっていた。

③抽象思考の欲求

粉飾決算の容疑で拘置所に収監されていた某氏は、差し入れの図書二〇〇冊を読破したという。中でも小説『白い巨塔』と中国の史書『史記』を愛読したとのことだが、私が注目したのは彼が独房の中で日記を書き、百科事典まで読んでいたという点である。限られた運動と食事、そして取調べ、それを除けば有り余るほどの時間がある。ゲームに打ち興ずることもメールのやりとりも許されない。禅宗の高僧のように座禅を組んで沈思黙考して時を過ごすにも、四六時中「寝て暮らす」にも限度がある。向かうところは日記と読書しかなかったのだろう。

ところで、こうした読書や日記はあくまで言語を媒介にした行為である。普通、百科事典は何かを調べるといった実用的読書の対象になるものだが、某氏はそれを「教養的読書・娯楽的読書」として読んでいた。日記執筆も実用的な記録だけでなく、自分の来し方行く末に思いを巡らすエッセーのような創造的な意味合いがあったのだろう。恐らく時の経つのも忘れて、百科事典を読み続け日記を執筆していたのだろう。言葉を操作して「考えごとを巡らす」、それは決して苦痛なものではない。人間の本質に根ざした営みである。まさに人間は「考える葦」なのだ。

A　認識——言葉で捉える　夏蜜柑を食べていた幼な子が顔をしかめて「からい」と言った。それを耳にした母親がこの味は「すっぱい」のだと教える。この子はこの体験を通して「からい」と「すっぱい」の違いを識別するようになる。ジャガイモを食べていて、ガリっとした歯ざわりの不快な味に出会う時がある。この味覚をなんと言い表すか。「不味い、苦い、渋い」とも違う。強いて言えば「変だ」とでも言うより仕方ない味なのだが、私の生家ではこれを「えごい」と言っていた。「えごい」という言葉で認識してきた味である。地方によっては「えぐい」とも言う。

言語思考の第一段階は、言葉で物事を捉える認識という働きにある。「あるがままのノッペラボー」の直接経験に言葉のレッテルを張って概念化して取り込むのだ。机の表面を撫でた感触を何と言うか。つるつる・ざらざら・ごつごつ……、頭の中で言葉を転がしながら最もピタッとくる言葉を選んでその感触を認識する。つまり「直接経験→言語化→認識」という構造である。

これとは逆に最初に言葉と出会って、その内包概念を認識する、つまり「未知の言語→言い換え→認識」という場合もある。マンガを読んでいた子供に「妾って何？」と聞かれたことがある。その時、父親である私は言葉を選びながら説明したが、果たして、私の言い換えで子供は正確に「妾なるもの」を認識したかどうか。私の言い換えに対してそれ以上尋ねなかったところを見ると、それなりに理解したのだろう。

書院造り・三権分立・モンスーン地帯・富国強兵……

卵生と胎生・扇状地と三角州・血液型の遺伝……

三角形の内角の和は二直角・虚数・平方根……

社会科、理科、数学で出会う言葉だが、子供たちはこうした言葉との出会いを通して物事の概念を増やして認識の幅を広げていく。こうしたことは勉強だけで行われるものではない。読書、テレビ視聴、人との会話などでも言語量を増やしていく。それによって彼の認識力は拡大し深化していく。学びに向かう子供と学びに背を向ける子供の所有する言語量・語彙力の差は想像以上に大きい。それは、そのまま二人のものの見方、考え方のレベルの差になっている。

先日、新聞にこんな投書が載っていた。綺麗な富士山を見付けた子供が「チョーヤベー」と言ったというのだ。「チョー」は「超」で、「ヤベー」は「やばい」の転だろうが、近頃の子供は「美しい・すばらしい・感動的だ」といったプラス価値のものに対しても、この「ヤベー」を使うらしい。中学生の孫が野球部の招待試合で静岡県の御殿場へ遠征したとき、バスの中から富士山が大きく見え、みんなして口々に「チョーヤベー」を連発して大いに盛り上がったらしい。聞けば富士山が今にも倒れるのではないかというぐらいに傾いて見えたので「ヤベー」と言ったのだという。

B　判断と推理――言葉で考える　こうした認識はいわば単語・語彙のレベルの思考活動と言ってよいが、それに対して、文や文章レベルの言語思考もある。「日本の社会は〔　　　〕的だ」――この空欄にある言葉を入れて一つの命題を作る、これを判断という。教室で「えーっと、うーんと、それから」といった間投詞を挟みながら考えている子供は、頭の中で述部に置くべき言葉を探しているのだ。「民主的・非民主的・封建的・閉鎖的・開放的・先進的・後進的」といった述部を確定して文を完成させる。こうした命題作成、判断提示のレベルが言語思考の第二段階である。

次の文章の空欄には、いかなる文が入るか。

なつのあつい日に、はちがすにとまってブーンブーンとはねをうごかしていることがあります。すのなかには、はちのこどもがはいっています。はちは［　　　　　］。

これは小学校一年用の国語教科書に載った説明文教材である。この文章は三つの文からなっている。第一文では目に見える事実が述べられている。それを受けて、第二文は、目には見えない事実を「説き明かした文」になっている。問題はこの一文と二文から、どういう結論を導くかにある。教科書では第三文も明記されているが、教室では、これを空欄にして、それこそクイズ感覚で考えさせたらいい。子供たちは面白がって考えていくだろう。果たして、子供たちは一文と二文に隠れているキーワード（「なつのあつい日」「はねをうごかして」）を手がかりにして論理的に第三文を導くこと、つまりは「推理すること」ができるかどうか。正解は「すのなかにかぜをおくっているのです」である。

われわれは、このように言葉を乗り物にして思考を営んでいる。言葉（語彙）で物事を認識し、言葉（文）で物事を判断し、そして言葉（文章）で推理し、より高い判断の総体化を行っている。「言語は思考の乗り物」という譬えの内実はこういうところにある。

こうした言語思考はもちろん読解の場面だけで営まれているのではない。スピーチや作文、話し合いの中でも活発に行われている。だが子供たちの中には、こうした言葉で考えを広げたり深めたりすることを苦痛に思う子もいる。第二章で紹介した「サルになりたい」と言った原宿の少女は、頭の中の言語操作そのものが「カッタルイ」のだろう。その時々の気分に留まって、認識とか判断とかいった言語思考とは無縁の、フィーリングだけに身を任せて「サルのように生きている」のだろう。

作文やスピーチという学習は、言語を操作しながら、ある概念を分割したり統合したりして新しい概念を導き出す、つまりは自分の思考を構築していく働きと言っていい。それに対して「読む・聞く」という活動は、書き手や話し手の概念操作に導かれながら、その人の思考を追体験していく営みである。時にはこうした他人の思考に触発されて、自分の内面に潜在していた自分独自の思考を、共感とか反発とかいった形で顕在化していくこともある。

最近の子供がしでかす凶悪事件に触れるたびに思うことがある。それは一部の子供たちに見られる思考力の欠落と想像力の衰弱である。彼らには今自分が行おうとしている行動が、次の瞬間、どんな事態をもたらすのか判断も想像もできない。とにかく思慮深い子供、想像力の豊かな子供を育てること、それはひとり国語科だけの問題ではなく、学校教育・家庭教育を挙げて取り組むべき今日的課題であろう。

④活動動機を満たす

先年、ある私立小学校の廊下を校長先生と並んで巡回しながら、各教室のたたずまいを見て回った時、たまたま、ある教室で高齢の男の先生が、児童に向かって「手を膝に！　頭を動かすな！

背筋を伸ばせ!」と指示しているのを目撃した。その先生が目指したのは、まさに「明窓浄机・沈思黙考」的な学びの世界だったのかもしれない。

きちんとした学習態度を躾けることはあっていい。しかし、不動の姿勢を強制されたあの教室の子供たちには、あの授業は決して楽しいものではなかったであろう。子供たちは体を動かしたくて、声を出したくてウズウズしていたのではないか。膝に置けと言われた手を使ってジャンケンをする、リズミカルに手を叩く、動かすなと言われた頭を揺らしながらワイワイ話し合う、私はそんな活動場面を一人で想像していた。五〇分間、子供たちを机に縛り付けておくのでなく、時間を限ってでもいいから、手を使い口を使った活動を取り入れ、変化に富んだ刺激的な学習活動に向かわせる場面を設定してもよかったのではないか。要は子供たちの活動動機を満たすことで、授業参加の意欲を高めることである。

教育実習先の小学校で、体育専修の女子学生が行った研究授業を参観したことがある。体育館でマット運動を指導する場面だった。校長先生以下、並み居る先生方を前にして、この学生は非の打ち所のない授業を行った。開脚前方回転の示範演技も格好よかった。演技を終えた一人一人の子供にも優しく言葉掛けを行っていた。そして最後の整理体操とマットの片付けの指示もそつがなかった。放課後の反省会の席上、私は「どんなもんだい」といった気分で座っていた。ところが最後の校長先生の講評はそうではなかった。「あの授業、子供たちは寒がっていた。汗をかいたのは先生だけだ」とおっしゃった。要するに校長先生は体育の授業としては運動量が足りないという一点を指摘したのだ。長い列を作って自分の順番がくるのを待っている児童全員を、マット運動を中断してもいいから体育館を走らせる、笛を吹いて「ハーイ、逆回り！」と言って反対回りをさせる、そんな場面を入れてもよかったという講評だった。その中で校長先生が使った「子供が汗をかく授業」というフレーズは実に説得力のある言葉だった。

子供たちの活動動機を満たす授業、この指摘は国語科にもそのまま当てはまる。例の「発問―指名―応答」を繰り返す教師中心の名人芸のような授業に終始するのでなく、時には子供の活動動機や好奇動機につながる活動型の授業場面を挿入してもいい。小倉百人一首のパロディー創作（京都・高校）、万葉集のスライド化と現代詩化（埼玉・中学）、童話「ごんぎつね」のオペラ化（東京・小学校）といった実践である。もちろん、ここに挙げた取り組みは「普段着の授業」でなく、「よそ行き（発表用）の授業」であるが、ここには「子供が汗をかく」活動が確かな形で存在している。これらの授業は、実は小倉百人一首や万葉集、「ごんぎつね」といった国語的な題材を核にして、その周辺に諸々の言語活動を配置していく、戦後のコア・カリキュラムの学習指導、国語科単元学習に通ずる実践であるが、ここには「うなずき授業」（教師が「わかったか」を連発し、子供たちがいちいちそれにうなずく授業のこと）とは、質が異なる学びの楽しさと喜びが息づいている。

Ⅱ　「国語」の力

第四章　「国語」なるもの

本書を貫く基本的な主題は、国語教育の現代的な可能性を論ずるところにある。ここで言う国語教育とは何も学校の国語科教育だけを言うのではない。家庭における母国語教育の機能をも含んでいる。この章ではこうした国語教育の根幹をなす「国語」とはいかなるものなのか、具体的な事例を織り込みながらその特質を述べていくことにする。

一　「日本語」と「国語」

国際反戦デーのさなかで

一九六九年（昭和四四）八月に、私は『われわれの国語』（NHKブックス）なる一書を出した。この企画が持ち上がった時、書名に「日本語」を使うか、それとも「国語」にするかが問題になった。編集者や知人たちは「国語」よりも「日本語」のほうが無難だろうと言う。「国語」という呼称には国家とか民族とか伝統とかいった重たいニュアンスが付きまとうが、その点「日本語」にはそうした特別の思い入れもなく、比較的、自由に論じることができると言うのだ。

この年、時あたかも沖縄返還問題を巡る日米両国の外交折衝が切迫していた時期である。「核ぬき本土並み返還」を合い言葉にして、沖縄デー（四・二八）には東京代々木公園で統一中央決起集会が開催され、一三万人の民衆が参加した。そのデモの流れで銀座有楽町一帯の道路が占拠され、国電と新幹線が深夜までストップした。この年は、東大安田講堂攻防戦（一・一八）、日大闘争による駿河台界隈のバリケード封鎖（二・一八）、新宿西口地下広場の反戦フォークソング集会（六・二九）といった大衆行動が続いていた。さらに国際反戦デー（一〇・二一）には全国六〇〇ヵ所の会場に延べ八六万人が参加し、反戦平和のシュプレヒコールが轟いた。

こうした革新的な気運の高まりを背景にして、国家と結びついたニュアンスを帯びる「国語」でなくして、よりインターナショナルな響きを持つ「日本語」のほうが通りがいいという趣旨だったと思うが、私はあえて「国語」を採った。私がその本で意図していたのは、日本語の形態や生態について客観的に論究するものではなく、日本の風土と文化の中で培われてきた母国語のぬくもりを語るところにあった。併せてその本の中で私は国語教育にも言及していくつもりだったが、それは外国人を対象にした「日本語」の教育ではなく、私たち日本人の暮らしに根付いた「国語」の教育であった。そんな思いを込めて書名に「国語」を用いたのだ。今回、改めて気付いたのだが、この本の「あとがき」にはわざわざ「国語は国民のもの」といった小見出しまで付けてあった。

普段の暮らしの中で、私たちが無自覚的に使っている言葉は言語学などで言及されるような、ドイツ語やフランス語、中国語……と並置される無機質な日本語ではない。生まれついた時からそれで育ち、それで物事を考えてきたかけがえのない母国語である。「もったいない・ばちがあたる・世間を憚る・恥を知れ・義理人情」などの言葉は日本の文化と伝統につながる日本人の美意識の表れであり、生きていくための規範でもある。節分の日、豆まきを終えたあとの夕飯の時、家族全員打ち揃って来年の自分の年齢の数だけの煎り豆を食べる。子供心にも何やら改まった厳粛な気分になっていた。これは「来年までマメに暮らせますように」といった祈りの儀式でもあった。

国語には「言葉が実を呼ぶ」といった言霊信仰の伝統がある。お寿司屋では「お茶」とは言わないで「上がり」と言う。売れないお女郎さんが「お茶を挽かされた」風習を忌み嫌って、商家では縁起のいい「上がり」と言うのが習わしだった。また、「お父さんが死んだら」といった類いの物言いも忌み言葉になっている。「擂り鉢」を「当たり鉢」と言うのも同様である。

二 「国語」に込められた思い

教材「最後の授業」の世界

中学校の国語教材として広く知られているものに「最後の授業」がある。フランスの作家アルフォンス・ドーデ（一八四〇〜一八九七）の短篇小説集『月曜物語』の中の一編である。普仏戦争に敗れてプロシアに占領されたアルザス地方の一寒村では、フランス語による一切の授業が禁止された。

こうした状況の中でフランス人アメル先生はフランス語による最後の授業を行う。アメル先生は村人と子供たちを前にして「奴隷化した民族であっても母国語を忘れない限り、牢獄の扉を開く鍵を握っていることになる」と説く。そして先生は「Vive la France!（フランス万歳！）」と黒板に大書して別れを告げる。

この教材の持つ内容価値は非常に大きい。普段の暮らしの中で気にかけないまま使っている自分たちの言葉はかけがえのないものであり、そうしたなんでもない自分の言葉が実は国家や民族を支える鍵となっている。アメル先生のこうしたメッセージ、そして「母国語を手放すな」と言い切った先生の熱い思いは、並み居る人々の胸を強く打ったに違いない。だが日本の先生方や子供たちにとっては、自分たちの「国語」が使えなくなるといった状況は単なる想像と虚構の世界でしかない。しかし、かつてわが国が米軍の占領統治下にあった頃、国語施策として漢字制限や表音仮名遣いが実施され、巷ではローマ字や仮名文字の国字化論が盛んに取り沙汰された。それだけではない。ある大作家によるフランス語採用論が全国紙の一面を大きく飾ったこともある。「フランス語を新生日本の国語にしよう」という提言だったが、もしあの時、こうした国語施策が断行されていたら、今頃は若い人たちが流暢なフランス語を操り、年寄りたちが声をひそめて日本語を使うといった二重言語使用状況が現出していたであろう。

国家語と民族語と母国語

今、手元に私の小学校時代の通信簿がある。赤茶けた粗悪な紙を二つ折りにしただけの、見開き

B5版の小さな紙切れ一枚のものである。表紙の右肩には「昭和一七年度」、そして左下に「東京市小島国民学校・第四学年月組」とある。その翌年度の五年生の通信簿では「東京市」が「東京都」に手書きで修正されている。一九四三年（昭和一八）から「東京都」になったということだろう。「学業成績」の表記は旧漢字で右横書きになっている。そして、大きく「国民科」「理数科」「体錬科」「芸能科」の四つの教科名が示され、「国民科」の中に「修身・国語・国史・地理」の科目が入っている。同じく「体錬科」には「体操」と「武道」が、「芸能科」には「音楽・習字・図画・工作・裁縫」が入っている。

それにしても、なぜ「国語」が「修身・国史」と並んで「国民科」に位置づけられていたのか。アメル先生の言葉を借りて言えば「国語」は国家の存立と民族自立の鍵であり、国民的資質の養成の根幹をなすということだろう。因みに当時の「国史」は天孫降臨や「天の岩戸」といった神話伝説から始まる皇国史観である。私が国民学校で受けた皇国民錬成の教育では、当然「国語」は「国体の護持・国威発揚・聖戦完遂」には欠かせない少国民錬成の中核をなすものであった。

今、巷では盛んに「美しい国、日本」なるフレーズが飛び交っている。そして、これにつながる教育理念として「伝統と文化を尊重し、それらを育んできたわが国と郷土を愛する」といった言葉も取り沙汰されている。いわゆる愛国心の内実を示す見解である。では「国家」とは、いかなるものを言うのか。国家と言われて、誰もが思い浮かべるのは、世界地図に描かれた国々であろう。塗り絵のように色分けされた囲みの一つ一つが国家なのだが、こうした国家を成立させている条件として、ここでは次の三つの言葉、「土・血・言葉」を挙げておきたい。「土」とは統治権の及ぶ一定の領土であり、「血」とは国民であり、「言葉」とは国家語である。

こうした三つの条件をもって成立している国家は、大きく国民国家と民族国家に分けられる。国民国家とは一定のエリアに新たな統治機構を作り、そこに参集した人々によって建国された、英語で言うところの「State」である。アメリカ合衆国は大文字の定冠詞付きで、「The State」と書かれるが、こうした国民国家では人種や民族の差異を越えた次元で、国民が主権者となって国を統治する。国民国家では地縁や血縁に基づく情念に縛られることなく、理性や意識を優先させて国家が運営されていく。さらに一定の国家語は成り立っているが、時にはカナダに英語圏とフランス語圏があるように、複数の言葉が国家語として使われている国もある。そこでは国民を構成している人々のネイティブな民族語も併用されている。いわゆる多重言語使用状況である。

こうした国民国家に対して、ユダヤやスコットランド、そしてわが国のような民族国家もある。すなわち、ほぼ単一の民族によって成り立っている国家で、これらの国家では民族のアイデンティティとか国家の誇りとかいったエモーショナルな側面が色濃くなる。わが国の愛国心問題はその典型と言ってよい。西部劇映画の傑作『大いなる西部』(ウィリアム・ワイラー監督、アメリカ、一九五八年公開)で、主人公が西部の大草原を指して誇らしげに「Big country」と言うシーンがある。この「country」はもちろん田舎とかローカルとかいった意味ではない。そうかと言って、近代的な「国家」といった概念でもない。言うならば「おらが故郷《くに》・わが故郷」といったところだろう。開拓の幌馬車隊、荒馬乗り、カウボーイ、ガンファイト、地平線まで望める大平原といった古い西部が新しい西部に移っていく、そうした哀感を詩情豊かに歌い上げた映画だったが、この古い西部への愛着と誇りが「Big country」という一語に集約されていたのだ。教育基本法の議論の中で示された「伝統と文化を尊重し、わが国と郷土を愛する」といった文言も言うならば「Country」意識そのものである。

現在、わが国には二〇〇万人近い登録外国人が居住している。その一方、海外に居住している日本人は一〇〇万人弱、永住者も三〇万人に及んでいる。いわゆるグローバル化が日本にも及んでいるのだが、それでもトータルで見れば日本は単一民族国家であることに変わりない。日本人は血縁的なもの（民族性）と地縁的なもの（自然・風土）に囲まれ、その中で日本固有の風俗と文化を形成してきた。この根幹をなしてきたのが他ならぬ日本語であり、それはかけがえのない民族の言葉であり、わが母なる国の言葉である。私たちが普段、何気なく「国語」と言っているのは、こうした言葉である。

国語が内包する国民的情緒

夏の終り　　伊東静雄

夜来の台風にひとりはぐれた白い雲が
気のとほくなるほど澄みに澄んだ

かぐはしい大気の空をながれてゆく
太陽の燃えかがやく野の景観に
それがおほきく落す静かな翳は
……さよなら……さやうなら……
……さよなら……さやうなら……
いちいちさう頷く眼差のやうに
一筋ひかる街道をよこぎり
あざやかな暗緑の水田の面を移り
ちひさく動く行人をおひ越して
しづかにしづかに村落の屋根屋根や
樹上にかげり
……さよなら……さやうなら……
……さよなら……さやうなら……
ずっとこの会釈をつづけながら
やがて優しくわが視野から遠ざかる

（『伊東静雄全集』人文書院、一九六一年）

＊旧漢字は新漢字に改めた。

「わがひとに与ふる哀歌」で知られる昭和期の詩人伊東静雄の作品である。伊東静雄は京都帝大国文科卒業後、中学教師のかたわら詩誌「コギト」や「四季」の同人として、さらには「日本浪漫派」にも参加し多くの詩作や散文を残した。この「夏の終り」は雑誌『文化展望』に発表されたものだが、この詩についてはことさらな解説など一切不要だろう。私がここで、この詩を取り上げたのは、ただ一点「国語の含み持つ情緒」ということを述べたかったからに他ならない。ここで歌われている夏の終わりの田園風景と「さよなら……さやうなら……」という別離の詠嘆は、恐らく異国の言葉には翻訳できないものであろう。

この詩を声に出して朗読してほしい。声の高さと声調、ポーズ（間）、緩急、抑揚──自然と情感たっぷりの音読になっていくだろう。この詩を市民大学の場で参加者に朗読させたことがある。その受講者の中に齢八〇を越す男性が二人いた。その二人がわざわざ控え室までやって来て「この詩はたまらなかった」と言い残して帰って行った。聞けば、二人は軍歴を持っていた。だからこそ、なおのこと、詩に流れる情感に心を熱くしたのであろう。この詩には日本の童謡や小学唱歌、さらには叙情的なフォークや演歌に通ずるメロディアスな調べがある。まさに「夏の終り」は国語によって歌われた日本の抒情詩である。

ここで歌われているのは、私たちの郷愁をかきたてる懐かしい日本の田園風景だが、読みながら次から次へとイメージが広がっていく。台風一過の澄んだ初秋の空に一つの白い雲が風に追われるように流れて行く。そのくっきりとした雲の影が野面を通り過ぎて行く。乾いたかぐわしい大気の匂い。穂が出る前の暗緑の水田。そして一筋の街道。その街道を荷を背負った行商人や、白い登山帽を被った学生が通り過ぎて行くのだろう。萱葺きの屋根屋根、神社の鳥居、火の見櫓……。詩人はとある高みに立って、そうした夏の終わりの日本的風景に「……さよなら……さやうなら……」と呼びかける。演歌で言えば、このリフレインが「さわり」の部分であろう。

それにしても、明るい田園風景を歌ったこの詩に流れている、この哀感は何なんだろう。「……さよなら……さやうなら……」とは何に対する別離なのだろう。この詩人は自分の内面に沈んでいる別離の哀しみをこうした風景に託して表現した、つまり自分の心象風景を歌い上げた詩なのだろうか。だとしたらこの日本の風景の底に流れている、伊東静雄の思いの実体は何なのだろう。しかし、こうした謎解きは無用かもしれない。伊東静雄は一身上の具体的な「何かの哀しみ」を歌ったのでない、人間の「哀しみそのもの」を歌った――それでいいのだろう。

この詩は『文化展望』一九四六年一〇月号に発表された。わが国がポツダム宣言を受諾して無条件降伏したのが一九四五年八月一五日。私が疎開していた愛知県東部では、数日前からアメリカ軍による空襲が途絶え、妙に静かな日々が続いていた。そしてその日は朝から晴天だったが、ラジオが変だった。いつもの大本営発表の放送もなく、ただ「本日、正午より重大放送あり」というアナウンスだけが繰り返されていた。お昼に家族全員で叔父さんの家に出掛け、親戚一同打ち揃ってその重大放送を聞いた。叔父さんは「日本本土に上陸して来るアメリカ軍と竹槍で戦え！」という参謀本部からのお達しだろうと言っていたが、そうではなかった。天皇陛下直々の「終戦の詔勅」が発布されたのだ。以下に示すのは一九四五年八月一五日前後の伊東静雄の日記の一部である。

三月十日東京の本格的空襲初まつてから約五ヶ月の間に大中の都市殆ど灰燼に帰す。八月十四日は（略）正午頃百二、三十機で大挙空襲があつた。このあたりから津守にかけての工場地帯が最後まで残つてゐたので、いよいよ今日こそはここが目標であると思ひ、壕に伏せてゐると爆音は真上を通りすぎた。造兵工廠がやられたのであつた。

（略）十五日は休養してゐた。高岡の西のおばあさんが来て、今日正午天皇陛下御自らの放送があるといふニュースがあつたと云つた。門屋の廂のラヂオで拝聴する。ポツダム条約受諾のお言葉のやうに拝された。やうにといふのはラヂオ雑音多く、又お言葉が難解であつた。しかし「降伏」であることを知つた瞬間茫然自失、やがて後頭部から胸部にかけてしびれるやうな硬直、そして涙があふれた。（略）

三十一日（略）

一日中雨。

十五日陛下の御放送を拝した直後。

太陽の光は少しもかはらず、透明に強く田と畑の面と木々とを照し、白い雲は静かに浮び、家々からは炊煙がのぼつてゐる。それなのに、戦は敗れたのだ。何の異変も自然におこらないのが信ぜられない。

（『伊東静雄全集』人文書院、一九六一年）

＊旧漢字は新漢字に改めた。

この日記から浮かんでくる伊東静雄の人間像は、戦争を知らない人たちには奇異に見えるかもしれないが、当時にあってはこれが日本人の普通の姿であった。私の次兄も親戚一同、打ち揃ってラジオから流れる天皇陛下の終戦の詔勅を聞きながら拳で畳を叩いて涙をこぼしていた。長兄は岐阜県にあった陸軍各務原航空連隊に所属し、偵察機に乗っていたが、恐らくは万感の思いで八月一五日を迎えたに違いない。伊東静雄は「日本浪漫派」にも関係していたが、その同人であった蓮田善明は敗戦時にシンガポールで自死して果てている。この敗戦は伊東静雄のような純粋な感性と敏感な魂を持ち合わせた日本人には耐えきれない哀しみの体験であった。

「夏の終り」の主調音は、「……さよなら……さやうなら……」というリフレインにあるが、その底流にあるのは、日記に書かれた「戦は敗れたのだ……涙があふれた……」という哀しみの思いであろう。伊東静雄の日記と重ねて、この「夏の終り」を読み直すと、いろいろなことに思い至る。「澄みに澄んだかぐわしい大気の空」はあの八月一五日のよく晴れた空を描いたものだ。「ひとりはぐれた白い雲」は食料買い出しに奔走し、アメリカ占領軍の放出物資に群がった敗戦直後の多くの日本人とは、一人、別の地平に立つ伊東静雄自身の姿を重ねて読んでもいい。後年、自死した文芸評論家・江藤淳は、「夏の終り」を「亡国の民の敗亡のかなしみ」を歌った作品と言い切っているが、こうした視点に立つと「……さよなら……さやうなら……」のリフレインがより一層、胸に迫ってくる。
戦前の「日本浪漫派」の仕事については、戦後、相応の批判を受けることになるが、ここでは素直に伊東静雄の純粋な感性と国語表現の豊饒さに思いを寄せておきたい。

言葉を惜しむ

西欧の言葉は言語の構造が論理的になっており、論理的におかしい表現はすぐわかるようになっている。地続きで異国と接する大陸国家では何よりも相手を説得するための雄弁とレトリックが基本にくる。それに対して、私たちの国語では、いわば「心でわかり合う」といった以心伝心のコミュニケーションが目指される。「夏の終り」という、詠嘆を主調音にしたこの詩もそういうわかり方をすればいい作品なのであろう。こうした言語風土にあっては、雄弁よりも寡黙が美徳とされ、「言葉を惜しむ・言葉を省く」修辞が発達してきた。「言わぬが花」「秘すれば花」といった成句に見られるように、あくまで言外の情を思いやることが一義になる。こうした言語特徴は世界でも類を見ない、わが国固有の短詩形文学を生み出した。

足腰を病んで五体のいとおしく手足の爪をゆっくりと切る
バスケットボールつく音の響ききて夕べ明るき「夏時間」なり
春宵のハローワークの常夜灯求人年令五十以下ばかりなる

村暮れて朧の夜となりにけり

葉桜やまばゆき一女賜はりぬ

（二〇〇六年五月八日「朝日新聞」朝日歌壇）

春愁と無縁の齢になりにけり

（二〇〇六年五月八日「朝日新聞」朝日俳壇）

これは何も著名な歌人や俳人の作ではない。普通の生活者の作品で、新聞の投稿欄に掲載されたものである。こうして改めて見直すと、いずれの作も伊東静雄と同じように限られた言葉に溢れるような思いを託して表現しているのに気付く。いずれも国語特有の伝統的な調べに乗って、作者の深い思いが私たちの胸に響いてくる。言葉を多く使って自分の思うところを言い尽くすのではなく、思いを言い残す。まさに国語表現ならではの「余情の表現」である。

国語の文体

字のないはがき　　向田邦子

（略）そのころ、少しはなれた所に疎開していた上の妹が、下の妹に会いに行った。

下の妹は、校舎のかべに寄りかかって梅干しの種子をしゃぶっていたが、姉の姿を見ると、種子をぺっと吐き出して泣いたそうな。

まもなくバツのはがきも来なくなった。三月目に母がむかえに行った時、百日ぜきをわずらっていた妹は、しらみだらけの頭で三畳のふとん部屋に寝かされていたという。

妹が帰ってくる日、わたしと弟は、家庭菜園のかぼちゃを全部収穫した。小さいのに手をつけるとしかる父も、この日は何も言わなかった。わたしと弟は、ひと抱えもある大物から、てのひらにのるうらなりまで、二十数個のかぼちゃを一列に客間に並べた。これぐらいしか妹を喜ばせる方法がなかったのだ。

夜おそく、出窓で見張っていた弟が、

「帰ってきたよ！」

とさけんだ。茶の間に座っていた父は、裸足で表へ飛び出した。防火用水桶の前で、やせた妹の肩を抱き、声をあげて泣いた。わたしは父が、大人の男が声を立てて泣くのを初めて見た。（略）

＊表記は教科書『中学校　国語　1』（学校図書）によった。

一九八一年（昭和五六）、飛行機事故で亡くなった女流作家向田邦子のエッセーの一節である。この「字のないはがき」はこれまで国語教材として広く用いられてきたが、私も編集に携わっている中学校の国語教科書では現在も採っている。しかし、実際に教室に下ろすとなると、かなり厄介な面も予想される。

この教材は戦時下の庶民の暮らしを描いた戦争教材と言われている。学童疎開、頭のしらみ、梅干しの種子までしゃぶる、家庭菜園で南瓜を栽培する、防火用水桶、頑固親父が声を立てて泣く。こうした一昔も前の、戦時下という特異な時代の庶民の生活風俗は、現代の若い先生方にとっては、あるいは手に負えないかもしれない。教科書の脚注や指導書の解説で補うにも限度がある。また、この教材で描かれている家族の姿は、今の子供たちの家族の在り様とはかけ離れており、いろいろと引っ掛かるものがあるらしい。ある小学校の先生からこんなことを聞いた。今、教室では「お父さん・お母さん」は禁句になっているとか。すべて「おウチの人」と言うらしい。片親の子、おばあちゃん子たちへのおもんぱかりだと言う。

教材「字のないはがき」には母親と父親の姿がイメージ豊かに描かれている。そして、ここには兄弟姉妹の思いやりも息づいている。目を覆いたくなるような家庭崩壊が日常的に報道されている中で、こうした家族の情愛を描いた教材は、教室で扱うにはある種の重たさがあるのかもしれない。向田邦子のこの文体も今の年若い先生方の言語感覚には合わないだろう。「たねをぺっと吐き出して泣いたそうな」の「な」は伝聞の助動詞「そうだ」の連体形であるが、この止め方の柔らかさと余情を生徒たちにどう説明するか。逆に言えば向田邦子のこうした古めかしい達者な文体はその言い回しにしても使用語彙にしてもそれだけ教材性があることになる。「小さいのに手をつける」の「の」は体言化の格助詞で、ここでは南瓜を指す。「これぐらいしか」の「しか」の限定と強意の副助詞も効果的だ。「ふとん部屋にねかされていた」の「れ」は受け身の助動詞だが、この言い回しの中に込められた家族の無念さにも言及したい。向田邦子の作品はこれまでに映画やテレビで数多く映像化されてきたが、この短いエッセーにも「絵になる」場面がいくつもある。集団疎開先の学校の校舎に寄りかかって梅干しの種をしゃぶっていた妹、しらみだらけの頭で三畳の布団部屋に寝かされていた妹、出窓から身を乗り出すようにして見張っている弟、はだしのまま、飛び出して行く父親――まさにテレビ・映画向きのシーンである。果たして今の子供たちはこうした情景を豊かに思い描くことができるかどうか。

このエッセーのクライマックスは、普段、褌《ふんどし》一つで家の中を歩き回るような戦前の頑固親父が声を上げて泣くシーンである。教育学部の学生を対象にした教材研究の中で、この「字のないはがき」を読ませたとき、私は父親のこの「泣き」を、柳田國男の「涕泣史談」と重ねて「男泣き」と説明した。かつて、この国の男たちはよく泣いた。天を仰ぎ、拳を握り、片腕を曲げて目を覆い、肩を揺すって泣くのだ。「女泣き」なる語彙はなくても「男泣き」はある。柳田國男は「涕泣史談」の中で、日本人が近代化の波の中で言葉の表現に頼るあまり、泣くことを手離してきたと指摘している。近代に対する痛烈な批評と言ってよい。「泣く」ことを忘れた子供たちは、悲しむこともなく、他者を思いやることもなく、すぐにキレるようになった。

柳田國男の「涕泣史談」の持つ文明批評は限りなく大きい。日本人は泣く民族だった。それだけに「泣くこと」を言い表す国語表現には事欠かない。「貰い泣き・号泣する・涙ぐむ・すすり泣く・むせび泣く・涙にくれる・嬉し泣き・忍び泣き・よよと泣き崩れる・嗚咽する・顔で笑って心で泣く・泣いて暮らす……」。日本人の泣きは、歌舞伎、新派悲劇、義太夫、浪花節、演歌、唱歌、童謡といった芸能の中で、繰り返し再生され続けてきた。「泣くこと」は日本人の国民性と文化の中核を支えていると言える。そして、こうした日本人を描いたり歌ったりするのに国語はぴったりの言葉でもあるのだ。

第五章　「国語の学習」――言語環境と子供

数十年前、とある外国で狼に育てられたという子供が発見され、その異常な猟奇性が大きな話題になった。その真偽のほどは定かでないが、なんでも狼の乳を飲んで群れの中で育ったと言う。当然のこと、保護された時、彼は人語を解さぬ野生児そのものだったが、その後も人間社会に適応できず、長くは生存できなかったと聞いている。

ここでは狼少年ならぬ「人の子」の言葉の獲得とその発達について述べていく。日本という国に生をなして人語を習得し、それを通して人間として成長していく、そうした子供たちの「国語の学び」について考えていく。

一　言葉の獲得の経緯

学びて時に之を習う

今でもはっきり記憶していることがある。旧制中学の低学年の時だったと思うが、英語の先生が教育を意味する「Education」の動詞形「Educate」の原義は「土地を耕す」であると言った。その夜、英和辞書に当たってみたら「耕す」でなく「引き出す」とあった。そして、それに続いて「人を教育する・知力や精神を育てる」といった英語の用例が示されていた。その授業の中で先生は「君たちは今は未開拓の土地だが、人の手によって耕されることで内に豊かなものが育っていく」という趣旨の話をした。この話を聞いた時、「耕される」自分の中に「引き出される」だけのものが眠っているのかどうか、とても気になった覚えがある。後年になって狼少年のニュースに触れた時、すぐに思い浮かべたのが「Educate」という英単語だった。狼少年は人の手によって耕されることなく、ついに野生のままに終わったのだ。

一九四八年（昭和二三）九月一日、中学三年の夏休み明けの日だったが、何の思い入れもなく登校したら、校庭の一隅にセーラー服姿の女学生の一団が身を寄せ合うようにしてたたずんでいた。なんとわが中学は豊橋高等女学校と合併したのだ。旧制中学は新制高校に、小学校高等科が新制中学になった。そして汽車や電車の通学は禁止され、それぞれ地元の新制高校へ移っていった。いわゆる六三三制・男女共学・小学区制の実施を伴った教育改革が断行されたのだ。ＧＨＱ（アメリカ占領軍）の指導による戦後新教育の出発だった。

それを機に校名は豊橋中学校から豊橋時習館高等学校に変更された。この「時習館」なる校名は前身の旧三河吉田藩の藩校「時習館」に由来する。その典拠は『論語　学而第一』の「学びて時に之を習う」に拠る。この「学ぶ」という和語は「真似る」に、「習う」は「慣れる」に通ずる。まずは先生の教えやお手本を真似て学ぶ。こうして身に付けた知識や技能をさらに自分でおさらいして習熟していく。「学習」なる漢語はこうした「学ぶ」と「習う」の両面を一体化した言葉であるが、わが校名は「時に習う」ことのほうを強調したものである。

子供が言葉を獲得し、それをわがものとしていくプロセスにもそのまま「Educate＝耕す・引き出す」といったことが当てはまる。言葉は大人が外から教え授ければ身に付くものではない。生まれ合わせた環境の中で、内に眠っている言語能力が外からの刺激によって耕され、引き出されていく。狼少年はそうした言語能力が「Educate」されることなく、ついには「狼」で終わった。人が人として育つには彼を取り巻く言語環境は決定的なまでの意味を持つ。狼となるか人に育つかの分岐点は、彼を取り巻く周囲に「真似る＝学ぶ」べき環境があるか、さらには、それに「慣れる＝習う」にふさわしい場があるかどうかにかかっている。育児放棄や児童虐待を受け、ガリガリに痩せ衰えて発見される子供の言語発達はいったいどうなっているのだろう。

言葉は息、言葉は声

子供の誕生ほど神秘的なものはない。誕生の瞬間、まるで堰《せき》を切ったように大きく息をする。そして、それと同時にあらん限りの力を振り絞って産声を上げる。息する力、声出す力、それはそのまま言葉の力でもある。子供はこうした息と声の力を生まれながらにして身に備えている。

しかし、嬰児の発する息と声はまだ言葉にはなっていない。やがて、それなりに外界に反応するようになり、さらには快不快を泣き声で表すようになる。母親はその泣き声のパターンを聞き分けてミルクをあげたり抱っこして眠らせたりする。こういった段階では泣き声はまだ言葉ではないが、母親に対しては音声記号としての機能を果たしている。これを喃語《なんご》と言うが、当初は意味をなさない独白的な喃語であっても、やがて周囲の大人たちが嬰児の発したその喃語を「はーい、ブーブーね」「ネンネ、ネンネねー」「オンモ、オンモねー」のように繰り返し再生しているうちに嬰児のほうが、大人の使った赤ちゃん言葉を模倣して発声するようになる。これを鸚鵡返しとか反響語とか言う。単なるつぶやきでしかなかった喃語がだんだんとパターン化していき、より明確な伝達という機能を帯びてくる。さらには大人が口にする「タカイ、タカーイ」や「イナイ、イナイ、バアー」に笑い声を上げ、スプーンで離乳食を食べる時に「アーン」と口を開けるようになる。こうした反応は幼児が自分で獲得したのではなく、実は大人の「アーン」を真似して行っているのである。やがて「マンマ」と離乳食、「ブーブー」と水との意味連合が成立し、それが一定の意味概念を持った言葉として使われるようになっていく。

先日、公園で若いお父さんに連れられたヨチヨチ歩きの可愛い女の子に出会った。お父さんに女の子の年齢を尋ねたら二歳と二カ月と言う。そこで腰をかがめて女の子に「いくつ?」と声を掛けたら、すかさずお父さんが「ナンサイ(何歳)?」と「通訳」する。てっきり女の子は「フタッ!」

と答えると思っていたら、なんと可愛い声で「ニサイ」と言った。つまり、この幼児は「いくつ？──ふたつ！」でなく、「何歳？──二歳！」で育てられてきたのだ。勘ぐって言えば、いつまでも舌足らずの幼児語を使わせるのでなく、最初から成人と同じ言葉に慣れさせる──こうした思いで「何歳──二歳」を習得させたのだろう。私の知人の家では三歳の女の子が両親を「チチ・ハハ」と呼んでいる。「おとうさん・おかあさん」「パパ・ママ」「おとうさま・おかあさま」「とうちゃん・かあちゃん」。要するに子供の言葉の獲得はその言語環境、つまりは家庭の言語習慣が決定的な意味を持つ。こうした幼児期の言語環境と言語経験は単に言葉の獲得だけに留まらない。その人間性の形成にも強く影響する。

以下、幼児期の言語行為が含み持っている人間形成的な側面を箇条的に挙げておく。

①大人が両手で顔を隠し、「イナイ、イナイ、バアー」といって顔を出す。それを見て幼児は手足をばたつかせて喜ぶ。「抱っこ、抱っこ」や「高い、高い」、「クチュ、クチュ」のくすぐり、そして言葉のシャワーや子守歌……。どこの家でも行っているこうした幼児との接触の中で、子供は自分の周囲に人がいること、そしていつもそうした他者とつながっていることを感じ取るようになる。

②「マンマ」「ブーブー」などの言葉とともに飢えや渇きが満たされる。「イイコ、イイコね」といった言葉とともに撫で撫でされ、「カワユイ、カワユイ、チュー！」と口付けされ、布団の上のじゃれつき遊びに声を上げて喜ぶ。そして冬の陽射しを身体いっぱいに浴びながらお

散歩する。こうした生理的な快感に子供たちは「いい顔」の反応を示すようになる。「人は見た目がいちばん」という言葉もあるが、この時期に心地よい感覚を文字通り体感することで子供は「いい顔」になっていく。「生き生きした表情・感じのいい顔」は、こうした幼児期に開発される。育児放棄、児童虐待といった環境で育った幼児はどんな顔立ちの若者になっていくのか。

③さらに喃語期の言葉体験には知育の側面もある。「マンマ」「ブーブー」といった具体物を示す言葉、「ネンネする」「キレイキレイ」といった動作や状態を表す言葉といったように、さまざまの語彙が獲得されていくのだが、こうした語彙の獲得は他者とのコミュニケーションの基盤になる。さらに、こうした言葉の力はそのまま認識や思考といった知的活動の基盤にもなっていく。

④子供の言語発達は一語文のレベルから、より複雑な構文のレベルに発達していく。「これ、なーに？　タンポポ！」「これは？　トンボ！」（質問と名付け）、「お月さん、ねんね、ねんね！」（呼び掛けと擬人化）、「蟻さんと蟻さんがゴッツンこ」「咲いた咲いた咲いたチューリップの花が」（お歌遊び）、「あめ↓めだか↓からす↓すずめ～」（尻とり）などの言葉遊びを経て、やがては眠る前の「お話」や「絵本の読み聞かせ」といった文学体験に進んでいく。

二　言語環境と言語習慣

子供の言葉の荒れ

昔、子供がピアノを習っていた頃の話である。週に一回、先生が出張教授してくれるのだが、何かの都合でわが家が稽古場になっていた。ある日、最後の女の子のお稽古が終わった時、私は家内に言われて先生に挨拶するべく顔を出した。先生とお迎えのお母さん、そして家内と私の大人四人の世間話になった。その時、そのお母さんが「うちの子は少しもお稽古をしないんです」と口にした。するとその女の子、確か小学校の高学年だったが、突然親に向かって「うるせー、クソして死ね！」と口走った。一瞬その場は凍りついたが、お母さんは笑いながら「こうなんですよー」とその場を取り繕った。私はその言葉の下品さよりも、こうした場面で、こんな言葉を口にしていいのかどうか判断できない女の子に驚いた。

6月中旬の朝、小学校3年の娘と登校前に口げんかをした。きっかけは着替えをどうするのかという小さなことだったが、私も怒りの頂点に達した。その時、思わぬ一言が娘の口から出た。「うるせえ」

私は二の句がつげないほど驚いた。親に向かって使う言葉じゃない、という怒りがこみ上げてきた。

娘と友達が遊ぶ時に使う言葉を注意して聞いている。「ざけんじゃねえぞ」「あっち行けよ」といった言葉が時々飛び交う。けんかをしている時ではない。楽しく遊んでいて、何かの拍子で、冗談っぽく語られる言葉なのだ。

まだ幼く、かわいらしい女の子たちの口から、まさかこんなに汚い言葉が飛び出すなんて。世の中にはいったい何が起きているのだろう。

女だから、男だからという教育はしてこなかったつもりだ。でも、こんな言葉遣いには違和感を覚える。女性らしい言葉遣いも美しい日本語として守るべきものではないか。矛盾を感じつつも、そう思う。

（二〇〇六年七月一日「朝日新聞」投書欄）

これは新潟県在住の主婦（三七歳）の投書である。「ざけんじゃねえぞ」「あっち行けよ」といったタメ口を使う子供たちに大人が眉を顰めるといった構図は何時の時代にもあった。アプレゲール、現代っ子、ヤンキー、ツッパリ……。こうした新人類と呼ばれた若者たちの立ち居振る舞いに対してもそうだった。投書したお母さんは「男言葉」と「女言葉」といったジェンダー論にも配慮しながら、「仲間内でやりとりするだけならまだしも、仮にも親に向かって言う言葉か」と怒っている。そして、この投書は「この世の中、いったい何が起きているのだ」といった文明批評の言葉で終わっている。際限なく続くメール交換、車内飲食と車内メイク、繁華街の深夜の徘徊などの時代の風俗を通して、子供たちの生活の崩れと心の荒れを感じ取っているのだろう。

先生方からよく聞かされることがある。今の子供たちは、教室でも日常的に「殺す」や「死ね」といった言葉を口にするらしい。「あっちへ行け・消えろよ」も常套句のように使われているとか。こうした「言葉の荒れ」は、そのまま子供たちの想像力の衰弱と判断力の欠落といった人格崩壊にまでつながっている。ある小学校の教室で学期始めの係決めを巡って争いになり、折り畳みナイフで仲間の子を刺した。「ウザッタイ・キモイ・クサイ」といった言葉は、この言葉を浴びせられた年頃の女子生徒にとっては最高に傷つく言葉であったろう。人格そのものが否定された彼女は遺書を残して自殺して果てた。こうした不祥事も言葉の荒れとそのまま重なっている。学力向上もさることながら、それ以前の問題として、言葉は人と人とをつなぐ働きを持つこと、そして同時に「言葉の刃」という側面もあることを実感させる指導を考えていく必要があろう。

人とのつながりの中で

孫が小学校低学年だった頃、近所を歩いていて見知らぬ中年婦人とすれ違った時、彼はその人に「コンニチハ」と声に出して挨拶した。「知っているおばさんか?」と聞くとそうではないと言う。どうやら彼はいつもそうしているらしい。見知らぬ人に挨拶をする言語習慣をどうして身に付けたのだろう。先生や親に言われてそうしているのかとも思っていたが、あることに思い至った。わが一族では夏山登山と冬のスキーが年中行事化している。奥多摩、丹沢、秩父の里山ハイキングから始まって、やがては山小屋泊まりで八ヶ岳の登攀まで行うようになった。編笠、赤岳、硫黄岳、天狗、そして蓼科山。こうした山々の登山体験がもとになって、道行く人と挨拶するようになったのではないか。登山道で他のパーティーとすれ違う時、登り優先がルールになっている。こちらが下りの時は狭い登山路の脇に立ち止まって登りの人たちに道を譲る。逆にこちらが登りの時は、向こうが大きく道を空けてくれる。こうした道の譲り合いは、わかってはいるが心嬉しいものだ。お互いに「コンニチハー、コンニチハー」と声を掛け合いながら行き違ってゆく、これが山のしきたりになっている。

山小屋では見ず知らずの者同士が肩を接するようにして寝る。いわゆる「目刺し」になって寝るのだ。天候が悪いと、一人でも多く収容するために互い違いになって寝る。自分の顔の両側には見知らぬ人の厚手の靴下に包まれた臭い足首がある。まさに助け合う登山仲間である。実際問題として草深い山中で、あるいは鎖の付いた岩場の棚で他のパーティーと出会って、お互いに黙りこくっていたら気まずいものになる。孫はこうした山中での挨拶交換がいたく気に入ったらしい。それからというもの、下りでは先頭に立って降りて行く。そして前かがみになって登ってくる人たちに道を譲り、脇に立ったまま「コンニチハー、コンニチハー」と連呼していく。彼はそれを街中でやっていたのだ。そうした孫に対して「街中では知らない人にいちいち挨拶しないでいいんだよ」と言うのもなんとなく憚られて私は何も言わなかったが、自分でもわかったのだろう、見知らぬ人に挨拶をするという好ましい言語習慣は何時の間にか立ち消えになった。

彼にはもう一つエピソードがある。幼稚園の運動会は広い小学校の校庭を借りて行われる。朝早くから保護者の陣取り合戦が繰り広げられ、その日、わが家はやっとの思いで後ろの方に席を確保した。昼休みにビニールシートに座ってお弁当を食べている時、突然彼が立ち上がった。何をするのかと見上げていると、大声で「〇〇ちゃーん！」と遠くにいるらしい友達の名を呼んだ。すると向こうの方で一人の男の子が同じように立ち上がった。そして「〇〇ちゃーん！」と孫の名を叫んだ。その後、何を言うのかと思っていると、孫のほうが「また、遊ぼうなあー」と大声で言う。すると、まるで山彦のように向こうから「うーん、遊ぼうなあー」と返ってきた。それだけのやりとりで満足したのか、二人とも座った。話はそれだけのことだが、私は身近でこの言葉のキャッチボールを見ていてとてもいい気分になった。一人の少年が遠くにいる少年に向かって大声で呼び掛ける、呼ばれた少年も大声でそれに応える。それは「ざけんじゃねえぞ、あっちへ行けよ」とボソッと吐き捨てるように言う今の子供たちの言葉遣いとは対極をなすような、どこか郷愁を感じさせる「子供の情景」だった。

三　いい言葉はいい顔を作る

小中高の国語科の授業を参観していて気になることがある。授業中の児童生徒の発声がはっきりしないのだ。小学校低学年の児童のがなり立てるような、型にはまった物言いは別にして、物心がつくようになると文章の音読はもちろん応答や発表の場面でも声質が重苦しく声量も小さくなる。口形がはっきりしていないので発音も不明瞭になる。こうした場面に立ち合っていて思うのは、生きた場面を捉えて自分の発声を意識させる指導である。

通る声を出すと気持ちいい

雲

山村暮鳥

おうい雲よ
ゆうゆうと
馬鹿にのんきそうじゃないか
どこまでゆくんだ
ずっと磐城平の方までゆくんか

声は身体の一部だ

青い空にぽっかりと浮いている白い雲。ぼんやり眺めているうちに、その雲がゆっくり動いているのに気づく。詩人は思わず雲に語りかける。その声は遠くに浮かぶ雲に届いて行くようだ。

校庭の向こうの砂場の近くに友達がいる。思わず「オーイ」とその友達に呼びかける。その声に気づいて、友達がふり返る。親しい人に呼びかける声は、遠い所までよく届く。

知らない人と話す時や大勢の人の前で話す時などは、緊張してうまく話せないし、声が遠くまで届かない。身体がかたくなっているからだ。かたくなった身体からは、かたくて通りのよくない声しか出ない。それは本当の自分の声ではない。

声は身体の一部なのだ。響きのよい本当の自分の声を出すためには、まず肩の力を抜き、身体の緊張を解いて、リラックスすることだ。何度もみんなの前に出て、人前に立つことに慣れることだ。

緊張を解き、リラックスしてみんなの前に立ち、一音一音はっきり発音しながら、この詩をくり返し読んでみよう。

＊表記は『中学校　国語　1』（学校図書）によった。

これは中学校国語教科書（一年用）に載せた教材である。山村暮鳥の詩に編集委員による書き下ろしの解説を付して構成したものだが、これは授業の枠の中で本格的に扱う教材ではない。教科書の巻頭の口絵写真にこの詩と解説文を重ねただけのもので、学習の手引きも付いていない。いわば扱っても扱わなくてもいい「自由席」の教材である。この五ページのオールカラーの写真には、萌え立つような新緑の草がアップで写っている。その上には青い大きな空が広がり、白い雲が流れている。緑の野と青い空と白い雲――そこに、この詩が載っている。中学へ入学して最初に出会う授業開きの教材として扱ってもいい。草深い川の土手に仰向けになって空を眺めている、小高い岡の上で深呼吸しながら空を振り仰いでいる。生徒一人一人が詩人になりきって、頭の上に流れる白い雲に呼び掛ける感じでおおらかに音読すればいい。そして「声を出すこと」でただただ浩《ひろ》やかな気分を実感すればいいのだ。詩の後ろにつけた解説は、「声は身体の一部だ」の見出しからも見当がつくように身体論に通ずる解説である。校庭の向こうの砂場の近くに友達がいる。その友達に向かって「オーイ」と呼び掛けるのだが、その時、無意識に大きく息を吸い、そしてそれを吐くようにして声を出していくことになる。呼吸を意識しながら身体の奥から声を出す。声量は大きくなくても「親しい人に呼びかける声」はよく届く。

「見える言葉」で話す――口形をはっきり

最近の若者はハキハキと話さない、口ごもった発音になっている、よく聞く話である。就職活動の面接の練習ということで、あわてて自分の発音を意識するようになっても、いったん身に付いた口ごもった発音は簡単には改まらない。それは口形が明確でないからだ。授業参観の教室で女の先生が「色紙」のことを盛んに「エロ紙、エロ紙」と発音していた。「牛・寿司・靴下」などの「ウ段→イ段」の連声も「ウス・スス・クツスタ」のように聞こえる時もある。「イチュチュ（いつつ）・ダジオ（ラジオ）・アナ（はな）・イコウキ（ひこうき）・ブタエル（ぶたれる）・デーゾーコ（れいぞうこ）」などの幼児音も、周囲の大人が発する発音の「聞こえ」に倣って、案外早く標準音に移行していく。そのためにも幼児への呼び掛けや絵本などの読み聞かせなどでは幼児語・幼児音でなく、よりはっきりした標準的な音韻を耳に馴染ませることが大事になる。

最近、小学校低学年で「音読カード」の宿題がよく出されている。毎日、家人を前にして教科書教材を音読し、それを聞いた家人がカードにサインする。こうした音読やスピーチで大事なのは、自分で自分の声を聞き分け、自分の発声を修正していく力である。結婚披露宴などで非常に聞きづらいスピーチに出会うことがあるが、そういうスピーカーは自分の声を聞いていないのだ。大切なのは聞き手を意識しながら、自分の声を調節していく力である。とにかく明るくて、はっきりした通る声を出すことが基本である。

「明るい声」は「いい顔」を作る

「人は見た目がいちばん」とはよく目にする言葉だが、この「人の見た目」は単に容貌や顔の美醜ではない。その人の表情に表れる雰囲気や人柄であろう。こうしたいい表情は、美しい景色を眺めるとか、いい音楽を聴くとかいった「いい気持ち」の体験によって作られていく。さらに言葉のやりとりに基づいた人との交わりの中でも形成されてくる。まずは響きのよい本当の自分の声を出すことが基本になる。こうした発声は深い呼吸と盛んな血行を促し、筋肉の緊張を解きほぐす。そして自然にいい気持ちになり、表情筋の動きも活発になっていく。そして、こうした響きのよい本当の自分の声で自分の気持ちを語り、人と心を通わせる。それによって自然と表情が豊かになっていく。心のこもった声、生き生きした表情、そして人の話に共感する力。こうした人間的な資質は知識や技能といった計量可能な知的な学力とは次元を異にする「生きる力」の根幹をなす。子供の人格の崩れが目に余る今、家庭においても学校にあっても、こうした「声＝言葉」の学習はもっと大事にされていくべきであろう。

四　言語環境と言葉の成長

育ちによって言葉は違う

結婚当初、家内と私との間で言葉を巡って、さまざまの葛藤があった。記憶に残っているのは「白菜」のアクセントの違いだった。私は「ハクサイ」を平板型で言うのだが、家内は「ハクサイ」と「ク」を高く言う。私の口にする「ハクサイ」は、家内の耳には「悪妻」に聞こえて耳障りだと言う。私には家内の「ハクサイ」は「臭い」に通ずると反撃するのだが、どちらかが降参して相手のアクセントに合わせるということにはならない。アクセントは自分の育ちの中で既に血となり肉となっているのだ。

冬のある日、私が「今夜は冷えるから、布団を一枚多く着て寝るといい」と口にしたら家内は突然「貧乏くさい！」と吐き捨てた。私は事態がのみ込めず、あっけに取られていたが、要するに「布団は着るものではない、掛けるものだ」と言うのだ。昔、貧乏なお公家さんが蚊帳を着て寒さを凌いだという挿話を踏まえて「貧乏くさい」と言ったのだが、私は「布団着て寝たる姿や東山」という俳句を例に挙げて「布団を着る」という語彙の用法が正しいことを主張したが、彼女は納得しなかった。

　夕食時に家内がお菜を二つの小皿に盛り分けているのを見て、私は「きょうはおもやいでいいよ」と言ったことがある。ところがこの「おもやい」が家内には通じなかった。私の育った家では煮物などを「めいめい皿」に盛り分けないで、大皿や小丼に盛ってみんなで箸を出して一緒に食べることがあった。これが「おもやい」である。洗面所のコップを「おもやいで使う」、一つの座布団にふたりで「おもやいに座る」——要するに「共用」ということだ。ところが、この「おもやい」は家内の実家の使用語彙にはなかった。聞けば、こうした事柄を表す時は「みんなで食べる」ぐらいの言い方をしていたらしい。

　九州のとある県で講演した時のこと、控え室で主催者側の人が私のコートをロッカーに掛けようとしたところ、ハンガーがみなふさがっていた。するとその人が「おもやいで使う」と言って、他の人のコートの上に私のコートを掛けた。その地方では「おもやい」は重宝に使っているとのことだった。ところで、この「おもやい」なる言葉の由来だが、辞書には「もやう・もやい」の見出し語で次のような解説が付されている。

　①「もやい」は「舫ふ」の連用形で「船と船をつなぎ合わせる」という意味。②「催合」と書いて「二人以上の者が一緒に仕事をすること」。③「おもやい」という意味。「寄り合って、共同で事をすること」

私の父は岐阜県、母は愛知県の出身だが、わが生家では家族全員で格別の意識もなく、「○○をおもやいで使う」といった形で口にしてきた。思えば実に重宝な言葉だった。

鍋・釜・茶碗・皿・醤油・味噌

学生と旅行していると一人一人の学生の育ってきた言語環境が窺えて面白い。「お里言葉丸出し」といったところだ。山陰地方の鄙びた民宿に泊まった時のこと。夕食はいわゆる田舎の手料理といった感じで、配膳も盛り付けもすべて自分たちで行う。私が腕をこまねいていると、一人の女子学生が声を掛けてくれた。彼女は心遣いが細やかで雰囲気のいい学生だった。「先生、鍋からよそうから茶碗と皿を貸してください」。私はこの時、彼女の物言いに強い違和感を覚えた。鍋、釜、茶碗、皿、箸、醤油、味噌、ソース、塩など、食に関する言葉には、私の感覚ではおおむね接頭語の「お」を付けて「お鍋、お釜、お茶碗、お皿……」といった言い方をする。それだけに「鍋・釜・茶碗・皿……」と言った剥き出しの言い方に引っ掛かったのだ。たぶん、この学生の家庭ではたとえ口にするものであっても、いちいち「お」を付けることなく暮らしていたのだろう。

思えば「お」を付けるか付けないかといった国語の習慣は微妙なものがある。食にかかわる物には美化語・美称語の「お」を付ける（味噌汁→おみおつけ、めし→ごはん、そば→おそば、芋→お芋）。言葉の及ぶ相手を意識して尊敬語・丁寧語の「お」を付けて「お薬、お着物、お鞄」などと言う。八百屋の店先で「お大根」なる言い方を耳にしたことがあるが、これはいわゆる「ざーます」言葉、上品敬語と言われるものである。「おビール」はどうだろう。学生に尋ねたら、即座に「キャバ語だ」と答えた。キャバレーなどのマニュアルによる接客用語だと言うのだ。今、これまでの敬語習慣が大きく揺らいでいる。家庭内の敬語習慣の消滅、マニュアル敬語・サービス敬語・過剰敬語への違和感、女性語・上品敬語の衰退といった現象もあって、敬語は大きな過渡期に差しかかっている。

いずれにしても言葉は「習慣」として成り立っている記号であり、一定の共通性はあるものの、微妙な部分ではその人の育った言語環境によって相当に異なっている。

五　語彙量の増加について

二〇歳過ぎれば伸びも止まる

子供の言語発達は非常に多岐にわたり、一概には言及できない面がある。音韻面では「イチュチュ」(五つ)や「デーゾーコ」(冷蔵庫)といった幼児音から「いつつ・レーゾーコ」といった標準音への移行は比較的にスムーズにいく。文法面も細かい部分の破綻はあるものの、構文の骨格はそれなりに形成されている。文字については小学校入学時に多くの子供たちは自分の名前程度は平仮名で読み書きができるようになっているが、漢字は基本的には学校教育の中で、学年配当漢字に沿って読み書きともに習得されていく。しかし学年が進行するにつれて漢字力の個人差は広がっていく。

こうした子供の言語発達が最も実感できるのは、なんと言っても語彙量の増加であろう。ある先行研究によると二歳児の使用語彙（使える言葉）は約三〇〇語、三歳児で約九〇〇語、四歳児で約一、七〇〇語、五歳児で約二、〇〇〇語、六歳児になると約二、三〇〇語になる。一般的には小学校入学時には約三、〇〇〇の語彙が使えると言われている。生活上の基本語彙が中心だろうが、この数値の高さには驚かされる。

7歳	6,700語	14歳	36,229語
8歳	7,971語	15歳	40,462語
9歳	10,276語	16歳	43,919語
10歳	13,878語	17歳	46,440語
11歳	19,326語	18歳	47,829語
12歳	25,668語	19歳	48,267語
13歳	31,240語	20歳	48,336語

（阪本一郎「標準語彙量」『教育心理研究』13巻、1938年）

一方、耳で聞いて、目で読んでわかる理解語彙については、上の表のような基本的なデータがある。

このデータは、普通に使われる語彙数を一〇万語と仮定し、そこから選んだ見本語を基にして調査した結果である。この数値から何が読み取れるか、以下、そのポイントを示しておく。

①七歳児の子供が既に六、七〇〇語もの理解語彙を身に付けている。生まれた当初のゼロから始まって「マンマ・ブー・チー」といった喃語・幼児語の時期を経て、ここに至った道程を思うと感無量になる。この六、七〇〇語は「用足し言語」、生活を支える基本語彙としては十分機能しているのであろう。

②ここに示した語数は標準としての数値であり、実際には一人一人の個人差は相当に大きい。

③言葉の獲得と増加は、小学校中学年から中学にかけて、著しく伸びる。一年間でなんと六、〇〇〇語もの言葉を増やしている。それが成人、つまり大学生や社会人になる頃には、言葉

の増加はほとんど止まる。
④こうした語彙量の増加は、当然のことながら子供たちの話す・聞く・書く・読むといった言語活動を通して達成されてくる。
⑤言葉は単なる伝達の道具ではない。言葉には物事を捉える認識と考える思考という内面的な働きがある。言葉の数が増えていくということは、そうした精神世界の拡充をも意味している。

玉に傷、不世出・大君の辺に

私の娘がまだ幼かった頃、道を歩きながら「玉に傷」という言葉を使った。幼い子供が口にするような語彙ではないので、すぐに「どんな意味か？」と聞き返したところ、娘は「ああ、惜しいなあ、という意味」と答えた。一応、わかっている。さらに聞くと、この言葉の出典は、当時、多くの女の子が視聴していた「魔法使いサリー」というアニメ番組の主題歌に出てくる言葉だった。「勉強嫌いが、玉に傷」という歌詞である。また別の日、今度は小学生の息子が「不世出」なる言葉を口にしたことがあった。あるプロ野球選手を話題にして、彼はこの言葉を使ったのだ。大人でもめったに使う言葉ではないので、娘の「玉に傷」の時と同様に意味を尋ねたところ、彼は「物凄い選手」と答えた。文脈的には間違いではない。あとでわかったのだが、この言葉は当時、圧倒的な視聴率を誇った人気アニメ「巨人の星」に出てきた言葉だった。主人公である巨人軍の星飛雄馬のライバル、阪神タイガースのバッター花形満を形容する「不世出の天才バッター」として使われていた言葉だった。

子供たちは日々の暮らしを通して生活語彙だけを身に付けていくのではない。テレビや読書からも生活語彙とは質の違う観念語や慣用句や時には古語まで学び取っている。多くは理解語彙に留まるが、必要な場面ではそれなりに使える使用語彙となっている。

海行かば　水漬《みつ》く屍《かばね》　山行かば　草生《む》す屍
大君の　辺《へ》にこそ死なめ　顧みは　せじ
（『日本古典文学大系　万葉集　四』岩波書店、一九六二年）
＊『万葉集』巻一八、大伴家持の長歌の一節。

戦時中、盛んに歌った軍歌であるが、当時、この歌は「君が代」と並ぶ神々しい歌、そんな印象を持っていた。戦死した英霊が白木の箱に納められて内地に帰還して来る。それを在郷軍人会や愛国婦人会の大人たちと一緒に少国民である子供たちも整列して迎える。そんな時に流れる歌である。荘重な調べの歌で、悲壮感が漂っていた。

このような戦時中の特殊な歌を孫がピアノの弾き語りで歌ったのには驚いた。中学二年生の彼は映画『男たちの大和』に熱くなり、上野のアメ横で錨マークの付いた海軍の訓練帽まで買い込み、それを被ってピアノに向かい、声を張って歌っている。夏休みの宿題の読書感想文には、この映画の原作である辺見じゅんのドキュメント『男たちの大和』を取り上げ、この大伴家持の長歌の一部も取り込んで書き上げた。「戦争を知らない」世代が戦艦大和や海軍旗に思いを寄せることには気になる部分もあるが、事の是非はともかくとして、学校の国語学習や家庭における生活語彙とは別のところで、自分なりの興味と関心を持って「水漬く屍・草生す屍・大君の辺にこそ死なめ」といった古典的な国語表現まで取り込んでいる。子供たちの国語の学びは、ひとり学校における国語科の授業だけで行われているのではない。

第六章　国語科はどんな教科か

近年、国語教育の重要さが盛んに取り沙汰されるようになった。いわばある種の「国語ブーム」と言ってもいい。今、「美しい国創り」構想の一環として教育再生会議も発足したが、そこでは学力向上と規範意識の育成が重点的に審議されている。また、これに先行する形で教育課程審議会が近い将来の学習事項の大幅な改訂を目指しているが、ここでも「ゆとり教育」に代わる今後の教育の理念として「国語力の育成」がクローズアップされている。

この章では、こうした趨勢を踏まえて、学校教育における国語科はいかなる教科なのかを考えていくことにする。

一　国語科は教えるのが難しい

算数や体育のほうがさまになる

かつて埼玉県の小学校の先生方を対象にして簡単な聞き取り調査をしたことがある。「好きな教科を選んで研究授業を行うとしたら何科を選ぶか」といった質問に答えてもらった。結果は意外だった。比較的やりやすい教科として上位を占めたのは算数だった。算数は授業の運び方、つまりは教式がはっきりしていると言うのだ。研究授業などでは参観者の目を意識してカラフルな教材を黒板に張って例題の解法を教えていく。この場面は先生が黒板を背にして児童に向かって説明していく、大向こうを意識した最高の見せ場になる。続いて教科書やワークシートを使った問題練習、ここは個別学習になる。その間、机間巡視しながら、つまずいている一人一人に個別の指導を加えていく。そして次の「答え合わせ」に進む。ここでは好ましいエラーをしている児童を指名して、黒板にその解法と答えを書かせ、教室全体で「確かめ」をする。そして最後に宿題を指示して終わる。

社会科がいいと言う先生も多くいた。社会科は多彩な視覚教材を使って刺激的な授業ができる。いわゆる「キンキラ授業」である。特に調べ学習の発表は見せる授業としては打ってつけの場面になる。グループごとに前に出て手作りの掲示物を使って発表する。理科の実験場面もそれなりに格好が付く。二つの手鏡を動かしながら光の屈折と反射を実感させるといった類いの授業である。教育実習生の研究授業で図工や家庭科の制作場面にも立ち合ったことがある。基本的には「始め！」

の一言で子供たちは思い思いの活動に取り組み、そして時間が来たら「止め！」で終了。その間、子供たちは熱心に制作活動に取り組んでいる。先生は机間巡視しながら、適宜個別に助言指導をしている。教師の見せ場はなくても子供たちが汗をかく「学び手主体」の授業になっている。音楽の研究授業にも立ち合ったことがある。この授業は初めから終わりまで、ただただ合唱するだけの授業だったが、低学年だったせいか子供たちは大声を出して歌いまくっていた。実習生も立ったままオルガンを弾きながら児童を眺め回し、自分も大きな口を開けて歌っている。事後の研究会では相応の批判を頂戴したが、私は「いい授業」だと思っていた。とにもかくにも子供たち全員が授業の主役として生き生きと活動していた。

国語ではこうは行かない。この調査で国語科を選ぶという先生が少なかったのは、やはり日頃から国語の授業の難しさを意識してのことだろう。先生方は国語科を避ける理由として次のような点を挙げていた。

・授業の方式・パターンが一定していない。
・子供を活動させるのが難しい。
・文学教材であれ、説明文教材であれ、読みには正解の読み方はない。子供たちの読みの多様性・個別性は否定できない一面がある。
・作文は児童間の学力差が大き過ぎる。
・話し合いの場面は騒いでおしまい、スピーチはただ聞いておしまいといった感じになる。

なるほど国語科は指導事項も多岐にわたり、なかなか一筋縄では行かない厄介な側面があるのだろう。

国語は勉強のしようがない

逆に児童生徒の立場からみて、国語は勉強のしようがないといった一面がある。定期試験に備えて勉強しようにも古文や漢文はともかく現代文領域は勉強のしようがなかった。私の旧制中学時代の経験から言うと、西洋史や東洋史、生物・地学などは試験範囲の事項を丸暗記すればなんとかなる。英語は範囲内の新出単語や熟語に注意して一通り訳したり、新規の構文を意識して英作文を確かめたりすればそこそこの点数は取れる。古文も単語を覚え、文学史的事項を丸暗記し、特に助詞・助動詞の種別と用法を頭に入れ、試験範囲の古文を一通り通釈すれば確実に点数は取れる。数学は最初から投げていたが、例題と練習問題に一通り当たっておくだけで平均点ぐらいはなんとかなった。

その点、国語（現代文領域）は、教材文の作者の代表作や流派などを覚え、あとは漢字書き取りの練習をするぐらい。選択肢問題は鉛筆を転がして正解を決める、また記述問題は「書き賃」狙い、「何か書いてあれば部分点をやるから」という先生の親心にすがるのだ。

国語科は教える側にも学ぶ側にも、ある種の曖昧さと難しさが付いて回る。そんな教科である。

二　国語科の性格

国語科の特質を言い表す成句はいろいろある。多くはなるほどと思わせる譬えだが、以下、そのいくつかを示しておく。

なんでも通る日光街道

たまたま手元にあった昭和五〇年代の小学校の国語教科書を見ていて、今さらながらに気付いたことがある。いわさきちひろの表紙絵の印象もあるが、教材が実にバラエティーに富んでおり、とにかく紙面構成が多彩で、盛り沢山のフルーツパフェといった感じである。だが、こうした感じは何も小学校の教科書だけに限らない。この多彩さは中学・高校の教科書にも共通している。

私が手にしている小学校の三年上の国語教科書には、例えば「海にすむ魚」という説明文教材がある。その「一」は「とびうお」という小見出しで、飛び魚の形態や生態が図解入りで説明されている。「二」は「魚の身の守り方」と題して鰯や秋刀魚、かれいやひらめ、ふぐやはりせんぼんの擬態について、これまた色鮮やかな写真入りで説明されている。この説明文教材で取り上げているのは、完全に理科的分野の動物生態学の題材と言ってよい。

中学の国語教科書に「カーブはなぜ曲がるか」という説明文教材があった。ボールの周囲の空気の流れを説明する流体力学に関する教材である。高校では戦後の思想界をリードした丸山真男の評論「『である』ことと『する』こと」が使われた。これは戦前と戦後の日本の思想を端的に解析した評論教材である。六〇年代、全学連による大学紛争を真似したような高校紛争が起こったが、ヘルメットにゲバ棒姿の高校生たちは、団交の席上で「俺たちは国語で学習した『である論理』を打倒して『する論理』を打ち立てようとしたのだ」と口にし、国語の先生方は下を向いていたという。また斯界では知られた報道カメラマン名取洋之助の「写真の読み方」も国語教科書に採られたことがある。ここでは写真のフレームやカメラポジション、さらにはモンタージュの手法などが説明されていた。専門学校の写真工芸科や映像学科の入門教材として使ってもいいような文章だった。

国語科が「なんでも通る日光街道」と軽口叩かれるのも、こうした読み物教材の話題題材が非常に多岐にわたる点を指してのことである。

国語教師はスーパーマン

これは昭和三〇年代に東大の国文学者・高木市之助氏が国語教師向けの冊子の中で語った言葉である。国語教材で取り扱われる森羅万象の話題題材について、国語教師は知らないよりは知っていたほうがいい。高木氏が「現代国語の教師はスーパーマンであれ」と言ったのはそういう意味である。動物生態学、流体力学、日本近代思想史……。まさにスーパーマンに匹敵するような学際的な知識教養が国語科教師には求められている。こうしたことは何も読解指導だけの問題ではない。児童生徒の作文やスピーチ、あるいは自由研究や調べ学習ではさらに広範で多彩な話題が、時には専門用語・業界用語とともに語られてくる。小学校低学年の「朝顔の観察日記」ぐらいならまだしも、サッカーやニューミュージックなどの話題、さらには地元の商工会議所や農協・漁協で取材した研究発表にも対応しなければならない。

こうしたことについて「国語科はあくまで言語技能教科である。言語の形式や技能について教えればいいのであって、そこで取り上げられている話題や題材にまで立ち入る必要はない」といった言葉を耳にすることもある。確かに国語科の基盤はそうした言語形式の獲得と言語技能の習熟に置かれるが、だからといって児童生徒を前にして「内容についてはまったく知らなくていい」と言うわけにはいかない。

欲張り国語・縄のれん目標

これは戦後の国語科教育が抱え持っていた話題や活動の広がりを突いた言葉である。戦後まだ日も浅い一九四七年(昭和二二)、新しい学習指導要領が公示された。そこでは「話しかた・作文・読みかた・書きかた・文法」にわたって、実に細かな指示と言及がなされていた。巻末には「参考二」として「単元を中心とする言語活動の組織」が掲げられた。いわゆる「Unit-method」(単元学習)の紹介である。そこでは「われわれの意見は、他人の意見によって、どんな影響をこうむるか」というトピックスを巡って、考えられる学習内容・学習活動・その方法、学習材などが具体的に事細かに示されている。演説・討議・新聞・雑誌・ラジオ・パンフレット・映画・手紙・ポスター・宣伝ビラなどを取り上げること、さらに「労働組合について意見を述べている実業家」や「健康薬品を売りつけようとして、聴衆を説いている売り子」などの役割を演じさせるといった学習活動まで例示されている。まさに文字通りの「欲張り国語」である。

この一九四七年（昭和二二）版指導要領に続いて、一九五一年（昭和二六）に公示された「指導要領国語科編」では、その第三章「国語科学習指導の計画」として「国語能力表」が示された。ここでは小学校の各学年別に「聞くこと」「話すこと」「読むこと」「書くこと（作文）」「書くこと（書き方）」の五領域で目指すべき能力目標が網羅的に掲げられた。その総数はなんと一〇八項目に及ぶ。当時、除夜の鐘と同じ数だといったことまで取り沙汰されたが、この目標のことを世間では「縄のれん目標」と言った。飲み屋の店頭にぶら下がっている縄のれんのようだと揶揄した譬えである。こうした多活動・多教材の経験主義的な戦後単元学習的な国語教育は、次の昭和三〇年代以降、学習の非系統性と指導の非能率性を突かれて、時流の表面から姿を消していった。それに代わって「学習事項の精選」が叫ばれ、「薄い教科書」が登場してきた。そして「這い回る」体験学習から言語能力主義の系統学習に移行していく。しかし国語科で扱う話題題材は古今東西の森羅万象に及ぶことに変わりはない。

国語科は座布団教科

国語科は「座布団教科」とも言われる。国語科は座敷に置かれた座布団で、いろいろなお客さまが次から次へとやって来てはその上に座る。いっとき座ったお客さまはしばらくすると立ち去って行く。国語科は次のお客さまをお迎えする。ここで言うお客さまとは他教科を指す。国語科はどの教科とでも「合科」の形で授業ができる。視点を換えて言えば国語科は言葉という道具を教える教科であり、他の教科も国語抜きでは学習活動が成り立たない。国語科は社会科や理科、保健体育や音楽や美術、家庭科などのお客さまを下支えしているのだ。国語科はどの教科とも手を組んで「総合的な学習」ができる。こうした合科教育は、言うならば戦後に移入され、花開いた「国語科単元学習」と同根のものだが、国語科と他教科のどちらが座布団でどちらがお客さまであろうと、ことさらに合科教育などと言わないでもいい。どのような教科、どのような学校行事であっても実質的には国語を学習している場になっている。「すべての教師は国語教師である」と言われるゆえんである。音楽の時間の発声訓練や歌詞理解、社会科の討論や発表資料の作成、数学の文章題の読み取りや数式の文章化、そして運動会の応援合戦や合唱コンクール、クラス別に展示を行う文化祭、遠足や旅行のしおり作りなども、現象としては「国語の活動=国語の学習」の場になっている。最近の教育再生のプロジェクトの中で国語重視といったことが盛んに取り沙汰されているが、それは国語は単なる言語コミュニケーションの手段に留まらず、日本人の情緒やモラル（規範意識）の基盤になっていることを意味している。

三　国語科の多面性

俗に言う「国・社・数・理・音・美・体・家・英」の九教科の中で、その理念や指導内容などが最も捉えにくいのは国語科であろう。国語科には他教科にはない複雑さが付いて回る。以下、国語科について言われる「〇〇教科」といった側面について述べていく。

基礎教科・道具教科

国語は算数・数学とともに基礎教科と言われている。これは言語認識と数量認識という、人間として生きていく上で欠かせない基本的な資質の形成を意味している。言うならば「読み書き・そろばん」である。それに対して「社・理・音・美・体・家」は、国数を応用していく形で展開する応用教科と言っていい。言語と数量を道具として使って生活し、その上にもろもろの文化・芸術、さらには自然科学や社会科学を構築していく。そういう視点に立てば国語科は道具教科・用具教科である。

形式教科

国語と英語は形式教科である。日本語とイギリス語という言語の記号形式を習得させていく側面を指す。ソシュールの言語構成説で言う「ラング」(言語)の教育である。つまり現代日本語の、①音韻・発音、②語彙・単語、③文法・語法、④文字・表記法、を身に付けていく側面を指して形式教科と言う。この部分が国語科の基礎学力である。

以前、NHKのテレビ番組で関西出身のタレント浪花千恵子さんと対談したことがある。その中で浪花さんは、小さい時から奉公に出されて小学校にも上がっていなかったため「ホンジが読めなくて、ウソジで手紙を書いた」とおっしゃった。私は意味がわからずドキッとしたが、「ホンジ」は真名（まな）＝漢字のことで、「ウソジ」は仮名のことだった。そして「私のホンジは臭いどっせ」とも言う。聞けば奉公先で買い物の包み紙の新聞紙を懐に入れ、厠《かわや》（トイレ）に入って振り仮名付きの漢字を誰にも邪魔されずに一人で勉強したと言う。「臭い」というのはそういうことだった。先日、テレビの特集番組で「若者の日本語力の低下」の実態がレポートされていた。採用した若者たちの言葉の力が貧しいため、会社や工場でさまざまのトラブルが起きているという。機械による流れ作業で「見本と差異があったら上司に連絡を取ること」という指示が機械の上に掲示されているのに、担当の青年はこの「差異」が読めない（意味もわからない）ので担当の上司に連絡しなかった。このトラブルで相当額の損失が生まれたと言う。この番組では「懐柔・憂う・寒空・制御・駆動・濾過……」が読めない大学生の実態も紹介されていたが、こうした事態に対処するため、採用した若い社員を対象にした日本語研修に取り組んでいる企業も紹介されていた。文章の視写、漢字検定受検、作業マニュアルの音読、文章の暗唱、得意先への礼状執筆、相手の目を見ながらのスピーチ……。若い社員が起立整列して両手で本を持ち、声を揃えて音読している、机に向かい目をつぶり、与えられた文章を懸命に暗記している――学校教育では及びもつかない学習風景だった。

　絵文字やカタカナ表記を多用した仲間語だけのメールに明け暮れる中高生たち、その一方では受験国語だけに留まっている受験エリートがいる。こうした今風の若者たちは、相手の目を見ながら明るい声で自然に語りかけ、身を入れて相手の話を聞くことができない。高校生や大学生が就職活動の対策として取って付けたように特訓しても、こうした生きたコミュニケーション能力はなかなか身に付くものではない。

電車の中でほとんどの若者が黙したままメールに向かっているのを見るにつけ、この国の民力・国力といったことにまで思いが及ぶ。国語力・日本語力は国を構成するさまざまな組織の基盤をなすと言っていい。

技能教科

国語は音楽や体育、図工や家庭科（調理・被服）と並んで技能教科でもある。国語科は国語を使う技能、つまり〈表現―話す・書く〉と〈理解―聞く・読む〉という言語技能の習熟を目指す。こうした国語科の技能は戦前では「読み方・書き方・綴り方・話し方」といった呼称で位置付けられていたが、戦後になってこうした狭い技術だけを表すような呼称を改め、「話すこと・聞くこと・書くこと・読むこと」のような言語活動・言語行為そのものを表す言い方に改められた。今後の教育課程の改訂でも、用語や表示は変わっても、こうした〈表現―話す・書く〉と〈理解―聞く・読む〉の二対四面の基本的な構造は変わらないだろう。

内容知識教科

内容知識教科の典型は社会科と理科である。そこでは歴史・地理・社会生活、生物・物理・化学・天文・地学といった領域の事象について理解を深め、知識を獲得していくことが主たる狙いになる。国語科にもそれと同じ側面がある。国語科の読み物教材は日本の古典や詩歌・小説といった文学教材だけに限られるものではない。前節で見てきたようなさまざまのジャンルの文学教材や非文学教材を通して「人間・人生」「歴史・社会」「自然・科学」「文化・芸術」「言語」(以上の五領域は私が関係している中学の国語教科書の単元構成原理である)といった事象について理解を深めていく。

こうした内容知識教科的な側面は何も現代だけに見られるものではない。例えば一九〇〇年(明治三三)金港堂刊行の『尋常国語読本』『高等国語読本』では日本の昔話や神話教材だけでなく自然や社会に関する教材も多く用いられていた。「雪」では顕微鏡で見た雪の結晶について、「空気」では人間の呼吸や溺死について、また「太陽」と題した教材文では光と熱について、さらに水星や金星、天王星や海王星といった惑星についても学習するようになっている。面白いことに「あきなひあそび」「商業」「物価の事」「貨幣および為替」といった社会の実業を取り扱った教材もある。それだけではない。わが国の風土・地理に関する教材もある。「我ガ国ノ気候」「日本帝国ノ図」「石炭及ビ石油」「北海道」「世界万国」「東京より函館まで」などは、国語の「読本」を通して日本の国土と自然に関する知識獲得を意図したものであろう。

人間形成教科

「人間形成」なる用語は、独特の意味合いを持つ歴史的な言葉である。国語科という教科が抱える可能性は、語彙や漢字の学習といった言語形式教科、あるいは「話す・聞く・書く・読む」の技能教科、そして読み物教材を通して文化や社会や自然に関する理解を深める内容知識教科といった側面だけに留まるものではない。国語科には言葉を通して、学び手である子供たちの内面とも深くかかわっていく機能がある。もろもろの言語活動を通して、ものの見方(認識)、考え方(思考)、そして感じ方（情緒・感情）を豊かにしていく。加えて言葉を操作することで、その言葉の内包概念＝イメージを思い浮かべ、見えないものを豊かに思い描く想像力をも育てていく。国語科教育が抱えるこうした機能を国語科固有の人間形成的機能と言う。

前に挙げた新美南吉の「でんでんむしのかなしみ」は単に平仮名学習や音読練習だけの教材ではない。この教材を「読むこと」で「人間の生きる悲しみ」を実感していく。同様に向田邦子の「字のないはがき」も単に段落構成を捉える、古めかしい慣用句を理解するといった読解技能の習熟だけを意図したドリル教材ではない。教師が押しつけるかどうかは別にして、描かれている情景を思い浮かべ、人物の心情を思いやり、そして戦時下の庶民の戦争体験に思いを馳せる。こういった子供たちの想像力や感性をEducate（引き出す・育てる）していく可能性を含み持っている。こうした側面を「人間形成」なる言葉で示したのだ。この用語は昭和三〇年代以降、テスト・ドリル体制に象徴される行き過ぎた能力主義の教育に対するアンチテーゼの旗印として、民間教育の側から提示された国語教育の理念と言ってもいい。

四　歴史の中で揺れ動いてきた国語科

以上、「〇〇教科」という言葉を切り口にして国語科の性格を概観してきたが、実際問題として国語科の含み持つこうした多様な側面の、どこに比重を置いて授業を行うかは先生方によって違ってくる。集約して言えば、国語科は形式技能教科か教材内容に基づいた人間形成教科かということだ。これは国語教育界が抱える根本的な論点であり、明治以来、こうした言語獲得と人間形成という理念の間にあって、国語科は微妙に揺れてきた。

明治期の国語教育

次に示すのは一九〇一年（明治三四）の文部省令の一部である。

> 第三条　国語及漢文ハ普通ノ言語文章ヲ了解シ正確且自由ニ思想ヲ表彰スルノ能ヲ得シメ文学上ノ趣味ヲ養ヒ兼テ智徳ノ啓発ニ資スルヲ以テ要旨トス

ここで示された「普通ノ言語文章ヲ了解シ正確且自由ニ思想ヲ表彰スルノ能ヲ得シメ」は国語科の抱える言語能力主義的な目標であり、「文学上ノ趣味ヲ養ヒ兼テ智徳ノ啓発ニ資スル」が人間形成主義的な理念と言ってよい。一九〇〇年（明治三三）の金港堂・冨山房刊行の『尋常国語読本』の巻一の冒頭は、挿し絵入りで「ハト・マメ・マツ・タケ・ツル・カメ」といった、単語と文字の学習から入る形になっている。そして学年進行に合わせて理科的な教材、地理・歴史的な教材、生活実用的な教材がバランスよく配列されている。加えて家庭道徳や国民道徳、さらには忠君愛国的な国家意識の涵養を意図した教材も並んでいる。例えば国旗の力強さと美しさを説いた「日ノ丸ノハタ」、天皇皇后陛下の御製を引用した「皇恩」、女性の立ち居振る舞いや作法を説いた「女子の心得」、国民精神を述べた「大和心」といった教材である。ここではその一例として一九〇五年（明治三八）刊行（博文館発行）の『高等小学読本　二』「第四課　靖国神社」を挙げておく。

> 靖国神社ハ、東京市九段坂ノ上ニ、アリ。オモニ、明治維新後、ワガ国ノタメニ、戦死セル人人ヲマツレル社ナリ。カノ明治二十七八年戦役、明治三十三年清国事変ナドニ、戦死セル軍人モ、マタ、ココニ、マツラレタリ。（略）
> 神社ノ左ニハ、大イナル、煉瓦造ノ建物アリ。遊就館トイフ。古今ノ兵器ナドヲ陳列セル所ナリ。カノ明治二十七八年戦役、明治三十三年清国事変ナドニ、ブンドリシタル兵器ナドモ、多ク、ココニ、陳列セラレタリ。
>
> ＊『日本教科書大系　近代編　第六巻　国語三』（講談社、一九六四年）によった。旧漢字は新漢字にした。

この教材がもちろん当時の国家意識と国民道徳の涵養を目指したものであることは、言うまでもない。

国民学校「国民科国語」　太平洋戦争勃発前夜の一九四一年（昭和一六）三月、「国民学校令施行規則」が公示された。以下、その条文の一端を示す。

・（国民学校においては）（略）皇国ノ道ヲ修練セシメ特ニ国体ニ対スル信念ヲ深カラシムベシ
・我ガ国文化ノ特質ヲ明ナラシムルト共ニ（略）皇国ノ地位ト使命トノ自覚ニ基キ大国民タルノ資質ヲ啓培スルニ力ムベシ
・儀式、学校行事等ヲ重ンジ之ヲ教科ト併セ一体トシテ教育ノ実ヲ挙グルニ力ムベシ
・国民科国語ハ日常ノ国語ヲ習得セシメ（略）国民的思考感動ヲ通ジテ国民精神ヲ涵養スルモノトス

こうした条文に基づいて編纂された国定国語教科書は、これまで長い間使用されて来た「サイタ　サイタ　サクラガ　サイタ」で始まる「サイタ読本」に代わって、国民学校では「アカイ　アカイ

アサヒガ　アカイ」で始まる「アカイ読本」が用いられた。巻一では、たなびく日の丸の旗の挿し絵の入った「ヒノマルノ ハタ バンザイ バンザイ」や、行進する兵隊さんの姿を描いた挿し絵の入った「ヘイタイサン　ススメ　ススメ　チテチテ　タ　トタテテ　タテタ」といった教材が続く。そして最後は桃太郎の 鬼征伐のお話で終わっている。こうした国民科国語の国定教科書に色濃く流れていた価値徳目を思いつくままに挙げると以下のようになる。

国体の精華・国民精神の涵養・皇国民錬成・国民的感動・忠君愛国・国土崇拝・敬神崇祖・心身鍛練・軍事意識・興亜思想（西欧列強の支配を脱し、亜細亜《アジア》を興隆させること）

私自身、当時の国民学校の児童体験を持つ軍国少年であっただけに、この熟語の一つ一つにつながる風景が鮮やかに思い起こされる。全員で不動の姿勢をとって最敬礼をする宮城遥拝、寒空に上半身裸になって「よいしょ！　よいしょ！」と口にしながら繰り返す天突き体操、前方に設置された藁人形を突き刺す竹槍訓練、家族で宮城前に出掛け「バンザイ」を繰り返した紀元二六〇〇年の祝賀行進……。国民学校時代の「国民科国語」はこうした精神価値注入主義の科目だった。

念のために付言しておけば、戦前の国語教育はなべてこのような国家主義一色であったかと言うと決してそうではない。大正時代には解釈学的な読み方教授論が、あるいは大正デモクラシーを背景にした自由主義的な文学教育運動が、昭和に入ってもリアリズムに立脚した生活綴り方運動などもあった。しかし満州事変、国連脱退、日中戦争、太平洋戦争といった歴史の推移の中で、こうした多彩な実践は弾圧され、やがては「教育報国」のスローガンの下に「国民科国語」に収斂されていった。

国民学校時代、何かと言うと戦意高揚のポスターや戦争画を描いていた。「撃ちてし止まん、鬼畜米英、欲しがりません勝つまでは、ぜいたくは敵だ、出て来い！　ニミッツ・マッカーサー」（「ニミッツ・マッカーサー」はアメリカ軍司令官の名）といった標語を立体文字風に書き入れた。作文の時間は「エンピツ兵隊」と称して、戦地でお国のために戦っている兵隊さん宛ての慰問文を書いた。どういうわけか毎回毎回「兵隊さん、お元気ですか。僕たちは毎日毎日、おなかいっぱい、ご飯を食べています」といったフレーズを書き入れた。音楽の時間、先生の弾くオルガンの和音にはアメリカ軍の飛行機の名前が付けられていた。低い和音はボーイング（爆撃機）、中音だとロッキードやグラマン、高音はカーチス（ともに戦闘機）だった。防空壕の中で身をすくめるようにして聞く爆音で、頭上の敵機の機種を推定する訓練だった。東南アジアの地図を描いて香港やマニラに日章旗を書き入れ、やがてマレー半島を赤色（日本の領土の意味）で塗り潰し、シンガポールを「昭南市」と書き改めた。またアメリカ大統領のルーズベルト、イギリス首相のチャーチル、中国国民党総裁の蒋介石の似顔絵を描き入れ、それに銃剣を突き入れる絵を描いていた。東京空襲の直前に愛知県に疎開、その地元の国民学校で出会った担任の先生のあだ名は「軍神」だった。真珠湾攻撃で散っていった九軍神を見倣えというのがその先生の口癖だった。やがて沖縄の敗戦もヒロシマ・ナガサキの惨状もよく知らないまま敗戦の日を迎えた。

戦後新教育の出発

一九四五年（昭和二〇）八月一五日の敗戦を境にして、これまでの教育は一変していくことになる。文部省はいち早く同年九月「新日本建設の教育方針」を発表、これまでの軍国主義教育を一掃し、平和国家・民主国家・文化国家建設といった教育の指針を示した。当時、国民の間では「一億総懺悔」なる言葉が盛んに使われ、先生方も「教え子を再び戦場に送るな」を合い言葉にして新教育の構築に取り組んでいった。やがてアメリカ教育視察団の勧告もあって、一九四七年（昭和二二）に戦後新教育の根幹である「教育基本法」「学校教育法」が公布された。教育の機会均等、単線型六三三制、男女共学、教育の地方分権化（教育委員会制度）といった教育改革が断行されるに至る。そこでは、これまでの国家主義的な価値徳目が一掃され、それに代わって自由平等・基本的人権・国際平和といった新しい教育理念が打ち出されてきた。

国語科教育に限って言えば、民主主義社会の構成員に欠かせない言論の資質の養成が一義となった。その頃、舌を噛むようなコミュニケーションという言葉が盛んに使われるようになった。その一方で授業方法の転換も図られた。従前の教師中心の理解強制型の講義形式の授業から、学び手中心の活動型の授業、Unit-Method（単元学習）が提唱された。このUnit-Methodはプラグマティズム（実用主義）と経験主義に基づく方法論である。一つの題材・トピックスを取り上げ、それをコア（核）にして、その周辺にもろもろの活動を組織していく、多教材・多活動のコア・カリキュラムの授業である。「ゆうびん」や「私たちの郷土」といった話題単元、「〇年〇組の歌を作ろう」「個人新聞の作成」といった作業単元などが盛んに行われた。

旧制中学が新制高校に変わった頃、突如として教壇が撤去された。教壇なるものは「三歩下がって師の影を踏まず」といった封建的な差別意識に基づくもので、それは自由平等なる民主主義の理念に背くというのがその理由だった。地主と小作人、資本家と労働者、こうした封建的な身分差別は四民平等を前提にしたデモクラシー社会にはそぐわないものとして、農地解放や労働組合の結成が盛んに押し進められた。体育の先生は跳び箱を前にして、「お雛さまは、お内裏さまも三人官女も五人囃子も同じ段に平らに並べろ」と言った。西洋史（後に東洋史と合体して世界史になった）の先生は自分で授業を行うのを止めた。生徒に任意のテーマで調べさせ、それを発表させる授業に変わったのだ。私は産業革命について発表した。古典では俳句創作、英語は英会話の寸劇、体育はフォークダンスと野球、新設された地学の時間は、先生がいないので選択した生徒だけが空き部屋に集まって自分たちだけで大学受験の問題集を解いて時を過ごしていた。ある日、国語の時間に「映画について話し合え」と言われ、映画通ということで司会をやった。アメリカ映画『我が道を往く』（レオ・マッケリー監督、ビング・クロスビー主演、一九四四年公開）を話題にした記憶がある。時間割に「A」「H」「C」が登場したのもその頃だ。「A」は「Assembly」（集会）の略で、週に一時間、講堂で生徒集会を開いて「早弁は是か非か」といった話題でワイワイ議論した。「H」は「Homeroom」の時間である。戦後新教育の理念の一つに小学区制と総合制があって、私の通っていた中学校は女学校（普通科と家政科）と商業学校と合併した。そうして生まれた普通科・家政科・商業科の生徒が同じホームルームに所属し、朝のショート・ホームルームの時間が終わると、それぞれの教室に出掛けて授業を受ける。そして授業が終わるとまたホームルームに帰ってくる。文字通りの

「Come back Home」といった感じだった。ある先生が「ディーン」とやらの役職に就いて急に羽振りがよくなった。生徒たちはわけもわからず「ディーン、ディーン」と言っていた。後年になって辞書を引いたら「dean—学生部長・生徒部長・学監」とあった。「C」は「Club 活動」のミーティングを意味する。クラブでもホームルームでも全校集会でも、何かというと会議を開いたが、その多数決がゲームのように面白かった。また「男女共学は是か非か」といった論題でディベートも行った。今思えば、まさに「民主主義ごっこ」のような毎日だった。

一九四七年（昭和二二）、日本人の文字生活が大きく変貌する。アメリカ教育視察団の勧告もあって、漢字制限（一、八五〇字の当用漢字表）、漢字の音訓整理、漢字字体の簡略化、表音仮名遣いの採用といった戦後の国語国字改革が断行されたのだ。後年、私はＮＨＫテレビの教養特集でこの国語国字改革を取り上げ、戦前の新聞と戦後の新聞を示して、視聴者に向かって「どちらの紙面が明るいか」と問い掛けたことがある。国語教育の実践家として著名だった大村はま先生と青木幹勇先生をゲストにお招きし、戦後の国語国字改革を肯定する発言を頂いた。つまり旧漢字が多用された黒っぽい戦前の紙面は一部の知識階級の人にしか読めない、ところが戦後の明るい紙面は情報の民主化と国語学習の負担の軽減につながるといったコメントを頂いたのだ。その後、国語改革に批判的だった伝統尊重派の関係者から抗議の声が寄せられた。

この年、奉安殿の御真影拝礼、宮城遥拝、天皇陛下万歳が停止になった。また社会科なる教科も登場し、私の学校では戦前の地歴担当の先生ではなく、民主的ということで英語の先生が受け持った。ＰＴＡ（Parent and Teacher's Association）なる組織が生まれたのもその頃だった。まさに「古い上衣よさようなら、さみしい夢よさようなら」（一九四九年公開、今井正監督の学園青春映画『青い山脈』の主題歌）といった雰囲気だった。今振り返れば、食べる物も着る物にも事欠いた生活だったが、男女共学の印象と重なるせいか、妙に明るさのあった時代に思えてならない。

系統学習から能力主義へ

ところが一九五〇年頃から、経験主義の戦後新教育に対する風当たりが強くなってくる。時あたかも朝鮮戦争勃発、警察予備隊（自衛隊の前身）の発足、教員のレッドパージ（左翼的教師の追放）、修身科・習字・日本歴史の復活が続いた時代である。

高校一年の時だった。社会科担当の先生が突然退職することになった。運動場で行う朝礼で、校長の紹介のあと、先生は朝礼台に登り、無念やるかたない風情で長々と挨拶をした。そして台から下りると校長の襟首を掴んで右手を振りかざし、殴りかかろうとした。僕ら生徒は口々に「やっちまえ！」と怒鳴った。日本教育史に残るレッドパージという歴史的な瞬間に立ち合っていたのだ。

その頃は何もわからなかったが、当時は戦後的なるものの揺り戻しの時代だった。いわゆる「逆コースの時代」である。単元学習に象徴される戦後新教育も、経験の広がりから来る能率の悪さ、学習内容の非系統性が指摘され、そうした中で「欲張り国語・這い回る社会科」「口ばかり達者で漢字一つ書けない」といった学力低下批判が巻き起こる。かくして一九五八年（昭和三三）には小学校・中学校の「学習指導要領」が全面改訂された。それは戦後新教育の清算を意味していた。昭和三〇年代に入って学力と授業に関する分析研究が行われるようになり、やがて系統学習という呼称でプログラム学習やスキル・ドリル学習が生まれてくる。教育機器の導入という風潮とも相俟ってティーチング・マシーンなる奇妙な機器まで現れた。これらの能力至上主義の教育は進学競争を前提にしたものだったが、やがて「詰め込み・切り捨て・落ちこぼれ」を前提にした偏差値至上主義の教育に至る。そして、これまでの教育史では経験したことのない学級崩壊と子供の荒れに直面することになる。

支援あって教授なし

やがて一九九九年（平成一一）、小学校・中学校の「学習指導要領」が抜本的に改訂され、前倒しで施行されることになる。週五日制の実施、「総合的な学習の時間」の登場、「生きる力」の育成などを抱え持った「ゆとり教育」への移行である。しかし、この「ゆとり教育」は完全実施の前から週刊誌などで「日本人がバカになる」といった大見出し付きで報じられ、学力低下の大合唱を浴びて時流の表面から姿を消していくことになる。「宿題のすすめ」といった見解が文部大臣直々に発表され、やがて土曜日は補習の時間と化していった。

しかし「ゆとり教育」のシンボルでもあった「総合的な学習の時間」はそれなりの意味があった。それまでの「わかる？　わかる？」を連発する知識注入の理解強制型の授業でなく、学び手の調べ活動と発表活動をベースにした学び手中心の単元学習の復活でもあった。その反面、児童生徒の自発的な学びを重視するあまり、先生方が指導性を発揮することを手控えるような風潮もあった。「ゆとり教育」が登場した当初、講習会などで現場の先生方に発言を求めると、異口同音に「シェーン、シェーン」と言う。当初は、それが「支援」であるとはのみ込めなかった。当時、先生方の間には子供たちをきちんと「教授」し、しっかり「指導」することをタブー視するような空気があった。これと似たような場面に立ち合ったこともある。教育実習先の都内の名門小学校で校長・教頭・教務主任・学年主任、そして学生が配属される学級担任と打ち合わせしていた席上で、今度は「子供の目線に立って」といったフレーズが決まり文句のように連発された。ソファーから立って片膝を床に付け、両手を水平に挙げて「子供の目線に立って」と言うのだ。校長の指導によって、こうした授業観がワンパターン化して学校全体に行き渡っていたのだろう。

いずれにしても「ゆとり教育」が導入された当初の現場には「支援あって教授なし・活動あって学びなし」と揶揄されるような空気があったのも事実である。

「ゆとり教育」を越えて

①PISAの「読解力調査」

A 「言葉の力」を柱に――「ゆとり」転換・思考力を育成

B 国語、学習の基本に――「論理的思考」を重視

言葉は、確かな学力を形成するための基盤である。他者を理解し、自分を表現し、社会と対話するための手段で、知的活動や感性・情緒の基盤となる。

これは学習指導要領の全面改訂を報じた新聞記事の一部である。Ａは二〇〇六年二月の、Ｂは同年七月の見出しとリードだが、ここから読み取れるのは今回の改訂が現行の「ゆとり教育」の転換を意図したもので、あくまで学力の向上を一義にしているということだ。それに加えて国語重視の方針が色濃く打ち出されている。いささかわかりにくい部分もあるので、ここで示された語句を再構成して以下に掲げる。

言葉の力
- ①学力形成の基盤
- ②思考力の育成
- ③社会的対話の手段――他者理解・自己表現
- ④知的活動の基盤――芸術・科学・文化一般
- ⑤感性・情緒の基盤――倫理意識

これからの教育では、右の五項目を踏まえた言語観が基本的なコンセプトになっていくだろう。特に新聞見出しでは言語と思考の関連が強調されているが、それは何も今回が初めてのことではない。昭和三〇年代にもこの「言語思考力の養成」を志向した言語機能主義の国語教育観がクローズアップされたことがある。「歴史は繰り返す」という言葉通り、今回も単元学習に通ずる「総合的な学習」を超えるものとして、また「言語思考力・論理的思考力」が登場してきた。恐らくこれからの国語教育は、従前の心情本位の文学教育や生活感想文的な綴り方学習、あるいは「話すこと・聞くこと・書くこと・読むこと」といった言語活動べったりの学習に留まるのでなく、論理的な文章読解や論説文の記述といったことが叫ばれてくるのであろう。

ここで言う言語による論理的思考力とは、先年実施されたOECD（経済協力開発機構）のPISA（学習到達度調査）の「読解力調査」に対応できる学力と言ってよい。ここでは「読解力調査」と言われているが、それは単なる文章を読むだけのテストではない。まずは自分を取り巻く社会的な事象を論じた問題提起的な文章に即して、書き手の主張とその根拠を構造的に把握する。次にそれに対する自分の見解を論理立てて記述する。極論すれば「読解力調査」と言うよりも「論述力テスト」と言ったほうがいいかもしれない。PISAでは世界四一ヵ国の子供たち（一五歳）がこうした調査問題に取り組んだのだが、日本の子供の成績は二〇〇〇年調査の八位から、二〇〇三年では一七位に下がった。これまでの日本はいわば学力大国であっただけに、この結果は各方面に大きな衝撃を与えた。これを契機にして「ゆとり教育」批判が一挙に高まり、今回の教育課程の改訂に至ったと言っても過言ではない。「言葉の力・論理的思考力」の視点が提示されてきた背景には、こうしたPISAの「読解力調査」の結果が存在していたのだ。

このPISAの学力比較は子供たち全員の平均点によって行われたのだが、日本の子供たちの得点分布を仔細に見ると、上位にくる子供たちは従前とさほど変わりなく、それなりに高得点を取っている。それに対して下位に位置する子供たちが増えており、しかもその得点がさらに低くなっている。日本の子供の学力低下の実態は、PISAの得点分布に限って言えば、学力分布のカーブが総体的に下降したのではなく、下位に位置する子供たちの学力が大きく下がって全体の平均点が下降したと言える。つまり日本の子供の国語学力は二極分化が進んでいるということだ。問題は上位の子供の学力をより高く引き上げることよりも、一五パーセントにも及ぶ下位に位置する子供たちをどうやって学びの場に引き戻し、いかにしてその学力の底上げを図っていくかにかかっている。学びから逃走し自堕落な暮らしに身を置いている一部の低学力層の子供たちは社会に出てから極めて困難な生活が予想されるだけに、彼らの言葉の力の向上は緊急課題であろう。

②規範意識について

教育再生なるプロジェクトの中で学力向上と並んで、規範意識の涵養と人間性の陶冶といったことがクローズアップされている。確かに昨今の子供たちの生活の崩れやいじめと自殺、さらには少年犯罪といった事象を見るにつけても、こうした「徳育」は欠かせない。

規範意識とは自らを律してルールを守ろうとするモラルと言えるが、こうした道徳律の形成は「道徳の時間」を教科に格上げしたり、生徒指導に丸投げして済むものではない。国語科にもこうした人間形成的な機能が含まれている。人間の生き方を描いたさまざまの文学教材を扱ったり、作文やスピーチで自分たちの生き方を見詰めたりする。それも単なる徳目の押し付けに終始するのでなく、あくまで言葉の教育という国語科の自律性に基づいて、人間としての在り方を自ら考えていく、言葉を通して自己確認と他者理解を深めていく。それが基本となる。

換言すれば、人とのかかわりの中で望ましい自己の在り方を選択していく力、すなわち場面場面で自分はどういう行動を選ぶべきかという主体的な精神であり、それを支えているのは、人が身に付けている文化的な教養と言っていい。それは「野卑」とか「無法」とかいった人間の在り方と対極に位置するものである。「育ちがよく、他人に対して礼儀正しく、名誉を重んじる男子」——これは手元にある英和辞典の「gentleman」の解説である。イギリス紳士の典型は「山高帽をかぶりダークスーツを着込み、天気に関係なく細くきちんと巻いた傘をステッキ代わりに持つ」、こんな説明もついている。当然、こうした紳士は社会規範を遵守する精神を備えた人間であろう。

ここで留意してほしいのは「育ちがよい」というフレーズである。子供は自分の置かれた生活環境の中で無自覚的に特有の生活スタイルを形成していく。車中や街中で見聞する子供たちの生態はそれぞれの「育ち」を反映している。既に家庭における国語の教育的機能について言及してきたが、ここで問題にしているモラル意識も、学校で「教える」以前に家庭における「Habits」(習慣)の中で形成されている。言葉を換えれば「育ち」の中で身に付けてきたマナーであり、身の処し方である。言葉遣いや身のこなし、さらには表情から服装といったものまで含む。「規範意識を高める・規律を守る」といった道徳律の形成には親の育て方が決定的な力を持つ。「早寝、早起き、朝ごはん」「母乳で育て、子守歌を聞かせる」。教育再生会議で話題になったフレーズだが、事の是非は別にして、これも子供の育ち=Habitsを問題にしたものであろう。

この規範意識の涵養については、今後もさらに家庭や地域社会の在り方にまで言及されていくのだろうが、その前にまずは大人自身の規範意識=モラルが問われていることに思いを馳せるべきだろう。路上で痰を吐く、プラットホームで煙草の吸い殻をポイ捨てする。政官財による不祥事が頻発し、名誉も地位も相応の学歴も備えているはずの「紳士」が机を前にして横列に並んで深々と頭を下げる……。こんなシーンが連日のようにテレビに写し出されている。子供の心の荒れと生活の崩れを踏まえて、規範意識の涵養を言う前に、まずは大人自身が自らの生きる姿勢を正すべきであろう。「美しい国」の「品格」は、大人たちの不祥事を断ち切るところから始まる。

③成果主義の導入

二〇〇六年四月に開かれた経済財政諮問会議で、唐突に「バウチャー制度」なる言葉が登場した。

・現行の一律の予算配分を学校選択制のもとで、生徒数が増えた学校には多く、減った学校には少なく割り当てる。
・人気のない小学校中学校は生徒が集まりにくくなって廃校になってしまう。
・競争になって困るところは反対、歓迎のところは賛成する。

これはその席の発言の一部だが、これらの発言でバウチャー制度がいかなるものか、おおよその見当はつくだろう。ここでは「学校選択制度」と言われているが、その根底にあるのは規制と保護の中で横並びの学校経営に終始してきた公立学校を自由競争の場に引っ張り出し、独自の教育実践を競わせ、教育効果の向上を図るというものであろう。例の規制緩和と競争原理の導入によって「市場」の活性化を図るという制度改革である。この学校制度の抜本的な変更の最たるポイントは学区の撤廃にある。地域住民は指定された学区に縛られることなく自由に学校を選ぶことができる。

一昔前、千葉県市川あたりからJR総武線を使って江戸川・荒川を越えて、文字通り「越境入学」して「東京の学校」に通ってくる児童生徒がいた。こうした生徒たちは「市川組」と呼ばれていた。多くは市川の国府台あたりの中産階層の子女で、品行もよく勉強も出来た。バウチャー制度とは、言うならばこうした越境入学を前提にしたシステムで、全国至るところで「市川組」が生まれるということだ。かつてはこうした越境入学にはある種の後ろめたさが付きまとっていた。地域の学校に行かず名目だけの寄留で別学区の学校に通うという後ろめたさである。ところがこの制度ではそれが大っぴらに許されることになる。

狭い学区に縛られない学校選択は、既に寄宿舎や学寮利用などの形で一部の私学で広く行われているが、これが全国一律に公立学校でも実施されるとなると、その問題は非常に大きい。隣近所の子供が手をつないで集団登校するといった情景は過去のものになる。保護者の防犯見回りもできない。盆踊りやお祭り、少年野球といった行事も空洞化してくる。それは地域社会の崩壊につながると言われている。それでも都会地近辺の学区の大きい地域はいいが、一村一校のような地方ではどうなるのだろう。

この制度の特徴はバウチャー（学校利用券、キップ）をより多く集めた学校にはより多くの補助金が交付されるところにある。学校は多くの規制から解放され、それぞれ独自の運営が許される。登校時間を朝七時半とし、朝イチに百ます計算や音読活動に取り組んだり、教育課程に独自色を出して受験戦争に邁進したりすることもできる。「学校が塾に乗っ取られる日」とは週刊誌の特集見出しであるが、進学成果を上げるべく学習塾と連携して、その塾のテキストで、塾のスーパーカリスマ先生による特別授業を受けることもできる。果たしてこうした想像は極端に過ぎる単なる思い過ごしなのかどうか。

④数値に追い回されて

こうしたバウチャー制度を採り入れるということは、原理的には国鉄や郵便局と同様の規制緩和に基づいた公立学校の民営化であろう。少子化の波の中で生徒集めにしのぎを削っている私立学校のように、公立学校もさまざまの分野で実績を上げていくことが求められてくる。それには従前のように「どこを切っても金太郎が出るよ」といった金太郎飴のような横並びの教育実践でなく、なんらかの形で自分たちの学校を「特化」していく必要がある。進学実績を上げるべく特別講習を行う、運動部は県大会や全国大会出場を目指して猛特訓に励む、コーラスや美術でも相応の成績を上げる。こうした指導を「売り」にしてユーザー（保護者）にアピールしなくてはならない。こうして確保した児童生徒数がそのまま補助金交付につながっていくだけに、学校の存続を賭けた学校間の競争はより一層熾烈になる。要するにバウチャー制度は市場原理に基づいた競争を前提にした成果主義的なシステムと言っていい。そして、このシステムは保護者の立場から見れば「少々遠くても、少々お金がかかっても、わが子の将来のために少しでもいい学校に入れたい」という先行投資に応える制度でもある。こうした学校選択は何を基準にしてなされるのか、それは経済財政諮問会議でも発言されたが「世間の人気・評判」であろう。しかし、補助金を交付する当局側としては人気や評判といった主観的なものだけに頼るわけにはいかない。恐らく教育の成果を観点別に数値化して監査していくことになろう。

現職の先生方から指導計画案や研究レジュメなどのプリントを頂くことがあるが、それは、当然のことながら、手書き・ガリ板刷りの一昔前の授業案とはまったく肌合いの違ったものになっている。中には「ＰＤＣＡシステム」なるもので運営されている学校もあるとか。以下、そのポイントを例示しておく。

①Ｐｌａｎ……数値目標・到達目標の設定

学校全体のめあて・学年のめあて・クラスのめあて・班のめあて

例　テスト平均点＝八〇点

授業参観の親の出席率＝七〇％

給食の食べ残し＝一〇％以下

中学・高校・大学入試合格の公約化

②Ｄｏ……実践（生徒指導と教科教育）

授業準備・教材研究と教材作り・指導計画・教育機器の利用・授業力・評価・他教師との協調性・父兄とのコミュニケーション

③Ｃｈｅｃｋ……問題点の把握・点検・反省・研究会

④Ａｃｔｉｏｎ……研究・研修

今、先生方はこうしたシステム化した流れの中に身を置いて業務に励んでおられる。それは満開の桜の下で子供たちと先生が一緒になって電車ごっこをしている映画『二十四の瞳』の、あの岬の分校のような牧歌的な情景とはまったく次元の違ったものになっている。この「ＰＤＣＡシステム」は計画・実行・点検・改善といった自動車生産の流れ作業を連想させるが、その特徴は成果目標が数値化されている点にある。大学合格率を上げるためには必修科目の「世界史」の授業もカットする。全国悉皆の学力テストでは、学校や学年・学級の平均点を上げるために出来ない児童生徒をあらかじめ別室待機させる。これはかつての学力テストで問題になった不祥事である。給食の食べ残し率、いじめ件数、授業参観の出席率までが数値化されるような状況の中で、しかもその数値が自分の評価や給与の格差に直結していくだけに、こうした状況は先生方にとっては相当にきついものになろう。子供の自殺があっても「いじめによるという認識には至っていない」とコメントする。非行件数は「水減らし」して報告する。部活動の参加率・部員数・大会実績も数値で示されるのだろう。そのためには学区や地域を越えての選手スカウトや鬼コーチによるモーレツ特訓も、少々のところは目をつぶることになる。

聞くところによると、先生方のストレス感・抑うつ感は他の企業従事者比で一・八倍であるとか。仕事の負担感が大きい、児童生徒の対応に追われっ放し、仕事量が多く、肝心の授業準備や教材研究などに手が回らない。まして自分の研修に時間を割く余裕などまったくない。こうした先生方の心労は今後さらに増えていくのだろう。「心の病で休職急増」とは先生方の休職の増加を報じた新聞見出しだが、聞くところによれば、休職どころか定年前退職まで考えている先生方も増えているとか。

「平目先生」という言葉がある。児童生徒のほうに目配りするより「上ばかり見ている」という姿勢を突いた言葉だ。「文科省↓県教委↓市区町村教委↓校長↓先生方」という上意下達の管理統制はさらに強まっていくのだろう。ある地方の若い男性教師から聞いた話である。式典の際の国歌斉唱時に、起立しない先生方をチェックするのは珍しくもなんともない。近頃では先生方がこれ見よがしに起立して口を動かしているそうだ。それに対して教育委員会の関係者が教職員席に近付いて、先生方がただパクパクしているだけなのか、本当に声を出しているのかまでチェックしているとか。

テレビのニュースで「モンスター親」なる言葉を耳にした。「クラス写真でうちの子をまん中に座らせろ」「ユニホームは学校で洗え」「うちの子を正選手にしろ」――こうしたクレームを毎日のように言ってくる。果ては「朝、わが家に寄って、子供を起こして連れて行け」とまで要求する親もいるという。こんな状況も影響しているのか、高校生の教員養成系大学への志望者が減少傾向にあると言うが、それも教員の置かれたこうした状況とは無縁ではあるまい。

⑤「国民的情緒」に触れて

最後に教育再生を巡る議論の中で大きく扱われている「国民的な情緒・国の文化や風土を愛する心」について触れておきたい。これらのフレーズは、もちろん「美しい国創り」政策の根幹をなすものであろうが、事の是非はともかくとして、国語科にはこうした機能は本質的に内包されている。国語科はあくまで国家語・民族語・母国語を扱う以上、さまざまな教材、例えば前掲の伊東静雄の詩「夏の終り」や向田邦子の随筆「字のないはがき」、あるいは小学校の民話教材や中学高校の古典教材を通して、日本人の情緒や美意識に触れていくのは当然のことである。国語科は本質的に国民的教養や日本人の情緒を育んでいく教科でもある。

Ⅲ　「生きる力」を育む

第七章　山田洋次「学校」シリーズの批評性

今、学校の在り方が大きく問われている。その背景には教育再生を目指した国の施策があること、さらに加えて、子供のいじめと自殺、学力低下、教育格差といった多くの問題が存在していることは言うまでもない。この章では子供と教師の置かれた今日的状況を視野に入れ、映画「学校」シリーズ（山田洋次監督）に即しながら、学校の在るべき姿を論じていく。言うならば映画に借りた「学校論」であり、同時にそれは現代の学校に対する批評にもなっている。

一　「学校」の風景

壷井栄「二十四の瞳」の舞台

「学校」と言われてどんなイメージを思い浮かべるか。恐らく多くの人は校門の入り口に立って、校庭の向こうの校舎を遠望する風景であろう。「母校再訪」といった図柄である。

かつて教育学部の学生に同行して瀬戸内の小豆島にある「二十四の瞳」資料館を訪れたことがある。戦後、多くの児童文学の名作を残した小説家・壷井栄の原作を監督・木下恵介が映画化し、その舞台となった岬の分校跡が資料館になっていた。小豆島は壷井栄の生まれ故郷だが、この岬の分校は静かな瀬戸内の海を見下ろすとある高みにあった。映画『二十四の瞳』(一九五四年公開)は、高峰秀子扮する「おなご先生」と一二人の子供たちとの戦前から戦後にかけての交流が描かれている。満開の桜の下で高峰秀子が先頭になって電車ごっこをしている。詰め襟の黒服を着た老いた笠智衆扮する「おとこ先生」が「ひー、ふー、みー」と音頭を取りながらオルガンを弾いて唱歌を指導している。こうした心温まる穏やかなシーンが続くのだが、やがてこの一二人の子供たちは戦争という時代状況に巻き込まれていく。この映画はいかにも松竹映画らしいタッチで、庶民の戦争体験を情感たっぷりに描いた作品だった。映画『二十四の瞳』は、戦没学生の戦争体験を描いた『きけ、わだつみの声』(関川秀雄監督、一九五〇年公開)や沖縄の女子挺身隊の玉砕をリアルに描いた『ひめゆりの塔』(今井正監督、一九五三年公開)のような声高に反戦平和を叫ぶ傾向映画とは違って、「涙の名作」といった惹句とともに大きな話題になった。映画の舞台となった岬の分校は、誰もが心に思い描く典型的なふるさとの母校といったたたずまいだった。

「小学校令」に示された学校

一八七二年(明治五)の学制公布以来、わが国の学校制度はさまざまな改正が行われて今に至っているが、学校が今日の形態に整備されたのは一八九〇年(明治二三)の「小学校令」以後のことである。その第一条には以下のような学校教育の目的が明示されている。

小学校ハ児童身体ノ発達ニ留意シテ道徳教育及国民教育ノ基礎並其生活ニ必須ナル普通ノ知識技能ヲ授クルヲ以テ本旨トス

ここに示された文言は現代の学校教育にもそのまま当てはまる。ここでは学校教育の目標が、①身体・健康・体位・体力の育成、②道徳及び国民精神の涵養、③生活を支える基礎的な知識と技能の養成の三項目に集約されているが、この三点は今日の教育改革の基本的な理念である「学力向上」「倫理意識と愛国心の涵養」にも通ずる。

この小学校令に付随して一八九一年（明治二四）に示された「設備準則」には「岬の分校」のイメージと重なる規定がある。以下、その一部を紹介するが、ここには近代国家建設に欠かせない学校教育に対する、明治という時代の思い入れが窺えて誠に興味深い。

〔校地〕　校地ハ日当リ好ク且成ルヘク開豁乾爽ナルヲ要ス（略）授業ニ妨アル場所、危険ナル場所、道徳上嫌忌スヘキ場所、停滞セル池水其他凡テ悪臭アリ若クハ衛生上ニ害アル蒸発気ヲ生スル場所ニ接近スヘカラス

〔校舎〕　校舎ハ成ルヘク平屋造ナルヲ要ス若シ二階造ナルトキハ成ルヘク幼年生ノ教室ヲ階下ニ置クヲ要ス

〔校具〕 仮名ノ掛図、教員用教科書、学校所在府県ノ地図、日本地図、地球儀、定木、（略）黒板、黒板拭、白墨、（略）楽器、体操器械（略）

設置されて日も浅い当時の文部省がこうした細部にわたって学校の施設について具体的に規定した背後には、国家の近代化には国民の資質の向上が欠かせないという国策があってのことだろう。またここで指摘された「道徳上嫌忌スヘキ場所」とは三業地や歓楽街を意味するのであろうか。「教員用教科書」とは今日でいう「教師用指導書」であろうか。さらに体操場・教室・廊下・便所、生徒用机・腰掛けなどの形状に至るまで実に細かく言及されている。木造平屋建ての板張りの壁、そして片面廊下の校舎と運動場の、こじんまりとした岬の分校は、往時の「設備準則」通りの面影を残している。それは小学唱歌「蛍の光」（一八八一年）や「仰げば尊し」（一八八四年）、「故郷」（一九一四年）と重なって、訪れる人々の郷愁を誘うものになっている。

二 映画「学校」シリーズで描かれた学校

国語教材「映画と私」の批評性

昭和五〇年代から六〇年代にかけて、私は角川書店刊行の高校教科書『精選国語』『総合国語』（全六冊）の編集に携わった。その時、映画監督山田洋次さんのエッセー「映画と私」（『映画をつくる』大月書店、一九七八年）を教材化して掲載した。この「映画と私」は当時の高校の国語教材としては異色の教材だった。「こころ」（漱石）、「舞姫」（鷗外）、「羅生門」（芥川）といった定番教材の中にあって、「フーテンの寅さん」で知られる山田さんのエッセーは学校現場に新鮮な印象を与えたのか、その後、あちこちでしばしば話題になった。

山田さん一家は、終戦時に中国の大連から引き揚げて来て、山口県の宇部に落ち着いた。当時、多くの引き揚げ者や疎開者がそうであったように、山田さん家族も食うや食わずの暮らしだった。山田さん自身も中学時代、学費稼ぎのためにぎゅうぎゅう詰めの貨物列車に乗って日本海側に出掛け、海産物を安く仕入れてそれを宇部で売ることまでしていた。当時、公定のルートからはずれたところで生活物資を売買することを闇ルートと言い、これにかかわる人たちを「闇屋」と呼んでいたが、それを中学生がやっていたのだ。こうした一日がかりの買い出し旅行の汽車の中で、山田少年は一人のひょうきんな男と出会う。重いリュックを背負い、列車にぶら下がるようにしてしがみ付いている時、その男が冗談を言う。みんなはワッと笑って気を紛らし、また列車にぶら下がって帰っていく。山田さんはこの時の体験を踏まえて、教材「映画と私」の中で映画や芸術のあるべき姿を語る。

（略）そうした時に、いっしょにしがみついて「がんばれ。」と叫んでいる人はまだいいんですけれども、乗っていないで道路に立っていて「お前たちしっかりしろ。」としかる人もいる。もっとひどい人は、侮辱したりする。「なんだ、みっともない。そんな格好をして。」と。こっちは生活のために必死になってやっている、そしてひょっとしたら死ぬかもしれないと思って恐怖におののいているのに、外から侮辱されるのはやりきれない。現実には、そうした立場で発言する人がいっぱいいます。

ですから、本当につらい、厳しい状況にある人にとって必要なのは笑いではないか、しかも、笑いでみんなを元気づけることのできる人は、やはりみんなと同じ苦しい状況に身を置いていなくてはならないのではないかと思うのです。

そして、その男はそういう貴重な冗談を言えることに存在価値があるのであって、そのためには、自分たちより少し楽な思いをしてもいいのだと自然にみんなは考えるようになるわけです。（略）民衆が苦しい時代の芸術家は、そういう存在なのではないだろうかと思います。（略）文化というものは、民衆の生活の中にあるものです。

（『高等学校　精選国語　Ⅰ』角川書店、一九八一年）

これまで山田さんが手掛けてきた映画には、こうした思いが色濃く反映されている。『家族』（一九七〇年公開——以下、年は公開年）や『幸福の黄色いハンカチ』（一九七七年）など「人生の応援歌」と言われた作品群も、そしてさまざまな「学校」を舞台にして懸命に生きる人々を描いた「学校」シリーズもそうだった。もちろん日本映画の奇蹟とまで言われた世界でも類を見ない「男はつらいよ――フーテンの寅」シリーズ（全四八作）も、近来の藤沢周平三部作の『たそがれ清兵衛』（二〇〇二年）や『武士の一分』（二〇〇六年）なども生活者としての民衆の幸せを願って作られたものと言ってよい。いずれの作品も観客はラストシーンで「いい気持ち」になって、寅さんのように肩を揺らしながら映画館を出てくる。

「丙六」と呼ばれた少年

一九八二年四月、角川書店のパンフレットの「筆者訪問」という企画で私は山田さんと対談したことがある。速記者とカメラマンと編集者に同道して、赤坂の小さな旅荘でシナリオを執筆しておられた山田さんを訪ねた。

森島 それで、この買い出し列車の中でいわゆるおもしろい冗談をいって皆を元気づかせる男が登場してくるんですけれども、これははっきり、「フーテンの寅」を連想してよろしいんでしょうか。

山田 ええ、まさしく寅さんだと思います。つまり、この手の人物というのは、例えば、大勢の人たちに的確な指示を与えてリードしていくとかいう形での、役にはまったく立たないわけですね。そういう能力もない。だけど、皆がとってもくたびれ果てた時に、もう生きる気力すらなくなるような時にですね、とってもおもしろいことを言ったり、おもしろい冗談を言ったりして皆をワッと笑わせる。そのことで皆を勇気づける役割を持っている。そういう人間というのはどういう社会にでも、例えば学校のクラスにでも必ず一人か二人、いると思うんですね。

（『国語科通信』No.49、角川書店、一九八二年）

聞くところによれば、フーテンの寅を演じた俳優渥美清さんは小学校時代、「丙六」と呼ばれていたと言う。当時、通信簿は「甲乙丙丁」の用語で評定されていた。小学校時代、「誰それは全甲らしい」といったことを口にしていたが、この「全甲」は今の「オール5」に相当する。一方、「丙」はよほどのことでないと付けられなかったが、渥美さんは常にビリかビリから二番目、「丙」が六つもあった。それに由来して「丙六」と呼ばれていた。「丙六」なる呼称は、今の教室で言えばいじめにつながるあだ名であろうが、渥美少年はそれに傷ついて家に引きこもるような子供ではなかった。「教室に居場所がない子供たち」とは最近よく耳にする言葉だが、渥美少年には居場所だけでなく彼にしかできない役割があった。授業というものは、五〇分間、緊張が持続するものではない。どんな先生の授業であっても必ずだれる時がある。心得た先生なら、時に脱線して余談を入れたり、隣同士でジャンケンさせたりして気分転換させるところだが、この丙六少年は授業の初めから居眠りしている。そして、授業がだれる場面に差しかかると、先生も他の子供たちも何とはなしに丙六少年の方を見る。すると丙六、やおら立ち上がって「一発瞬間芸」をぶちまかす。時には教壇に立って一席の「こっけい話」をやる。教室はここぞとばかりに沸き返る。やがて、それが静まると授業が再開され、子供たちは向きを変えて黒板に向かう。すると丙六少年はまた居眠りに入る――。

当時の同級生によると渥美少年は栄養不良の病弱な少年だったという。体操の時間はよく「見学」していたらしい。当時の先生はこうした渥美少年を「ふざけるな」とか「真面目にやれ」とか言って廊下に立たせるようなことはしなかった。丙六の人となりを認め、彼でなくてはできない居場所と役割を与えていたのだ。

森島　この文章（「映画と私」＝引用者注）では、フーテンの寅みたいな男と反対のキャラクターを持たされている男たちが出てきますね。自分は汽車に乗らないで叱ったり批評したりする、そういうタイプの男が出てきますね。山田さんのお気持ちの中には、こういうタイプに対する厳しい批評精神みたいなものが、やっぱりおありなんでしょうか。

山田　そうですね。例えば芸術の世界でも映画の世界でも、そういう男のような作品が結構多いんじゃないかなというふうに思うんですね。声高に何かを叫ぶ作品というか……。今、観客が求めているのは救いである。何か慰めてほしい、とても疲れ果てている、「つらいだろうねえ」とか、あるいは「悲しいだろうねえ」って、一緒にそばで悲しんでくれたり涙を流してくれたりする人がほしいときにですね、「そういう状況がおかしい、君たちはこうしなきゃいけない」みたいなことを矢継ぎばやに浴びせかける種類の作品が結構多いんじゃないかなあという気がするんですよね。（略）

もちろん、芸術の世界だけじゃなくて、他の世界にも、その手の人間がずいぶんいるような気がする。さらに言えばもっと冷たい人間も出てくる。こういう競争社会になってきますと、ますますそういう傾向がひどくなる、他の人を突き飛ばしてでも自分が生き残ろうというふうな傾向に、日本人全体が持っていかれつつあるような時代じゃないかという気がして仕様がないんですけれどもね。

森島　私どもがこの文章を教科書にいただいた背景には、今、山田さんがおっしゃった、やさしさを喪失した、理屈だけで、エゴイスティックに行動していく若者が増えつつある中で、少しばかで、おっちょこちょいだけれども、やさしさと繊細さ、それを持った人間像を教室の中で読み分けて、自分の問題として考えてもらったらいいなあという気持ちが、一つの大きな動機になっているのです。(略)　(前同)

こうして見直してみると、三〇年以上も前の対談でありながら山田さんの指摘は少しも古びてはいない。むしろ競争と選別、いじめと自殺、先生方の心の病と休職、子供の人格の崩れなどといった情況がいよいよ顕わになりつつある今、この教材が内包するやさしさと繊細さを育むという視点は、現代の学校教育に対する大きな批評になっている。買い出し列車にしがみつき、振り落とされまいと必死にぶら下がっている民衆の姿はそのまま現代の大多数の子供たちの暗喩になっている。学力格差状況下にあって自分の居場所をなくした現代の「丙六少年」たち、そして多くの不登校や引きこもりの子どもたち、あるいはニートやフリーター、あるいはワーキング・プアと言われている若者たちが必要としているのは、「今の若者は学ぶ意欲も働く気力もない」と突き放したように批評する言葉でなく、共感と慰めの言葉ではないのか。

こうした山田さんの物言いを現実離れの甘い理想論と取る向きもあろうが、今の学校における子供たちの姿を見るとき、それは決して観念だけのセンチメンタリズムではない。「いい子」路線からはずれた集中力に欠ける子供を保健室に収容したり、荒れる中学生を登校停止や児童相談所送りにしたりして、事が済むというものではない。子供に対する共感と慰めの目線があってこそ、昨今、盛んに取り沙汰されている「毅然たる態度」も生きてくるのではないのか。

学校だけが学校ではない

草原のど真ん中の一本道を
あてもなく浪人が歩いている
ほとんどの奴が馬に乗っても
浪人は歩いて草原を突っ切る
早く着くことなんか目的じゃないんだ
雲より遅くてじゅうぶんさ
この星が浪人にくれるものを見落としたくないんだ
葉っぱに残る朝露

流れる雲
小鳥の小さなつぶやきを聞きのがしたくない
だから浪人は立ち止まる
そしてまた歩きはじめる

これは山田さんの「学校シリーズ」の第四作『十五才——学校Ⅳ』（二〇〇〇年）の劇中詩（原案・末富景子）だが、この映画はこれまでの三作と違って、いわゆる「学校」そのものが舞台にはなってはいない。

もう半年、学校に行っていない。
学校がつまらない。家がつまらない。自分がつまらない。
十五才の少年は、七千年の歳月を生きてきた縄文杉に逢いたくて、無謀にも旅に出る。
遠い屋久島を目指し、一人で……。

（映画『十五才——学校Ⅳ』パンフレット）

この梗概でわかる通り、『学校Ⅳ』は不登校を題材にしているのだが、思えばこの映画には実に重たい意味がある。衝撃的なメッセージと言ってもいい。人は学校という建物の中だけで学ぶのではない、さまざまな人との出会いを通して生きることを学んでいく——これも「学校」であると言うのだ。山田さんが「学校シリーズ」の中で描いてきた「学校」はいずれも確かな人間関係が息づいている「学校」だった。『十五才——学校Ⅳ』は、不登校の中学生が横浜から屋久島までヒッチハイクの旅に出るのだが、主人公の少年はこの道中で多様な人間と触れ合い、多くのことを体得していく。つまり、この映画は不登校の子供の側の視点に立った、極論すれば「学校だけが学校ではない」という学校否定論に通ずる作品と言ってよい。

横浜の中学生大介は無謀にも屋久島までのヒッチハイクの旅に出る。最初に乗った小型ワゴンの運転手から散々に説教され、頭にきた大介は車を降りてしまう。夜のサービス・エリアで途方に暮れていた大介は大阪まで行くトラック便に拾われ、そのごつい運転手から汗して働くことを学ぶ。大阪では九州まで行く長身の女性ドライバー大庭すみれが運転する長距離トラック便に出会い、それに乗り継ぐ。九州宮崎に着いた大介は言われるままにすみれの家に泊まることになるが、その家には引きこもりの息子登がいた。登の部屋には黒澤明の映画『用心棒』や『椿三十郎』のポスターが張ってある。詩で歌われた浪人はこの三船敏郎扮する素浪人をイメージしたものであろう。翌朝、大介はフェリーが出る鹿児島港まで送って貰うことになる。すみれの家から車が動き出すと、その前方の踏み切りのところに自室から一歩も外に出なかった登が大介を見送るべく立っていた。刀に見立てた棒切れで野の草を切る所作をしながら……。先に掲げた挿入詩は登の作ったもので、登はそれを助手席にいる大介に手渡す。すみれに乞われるままに大介はこの詩を音読する。すみれはハンドルに顔を伏せて涙をこぼす。

この詩に登場する浪人は、もちろん登自身の生き方を示している。馬に乗って少しでも早く目的地に着くことだけを目指して疾走していく「ほとんどの奴」とは、競争社会に在って与えられた自分のコースを脇目も振らずにただ突き進む勝ち組の子供たちだろう。登は「葉っぱの朝露」や「流れる雲」に目をやり、「小鳥のつぶやき」に耳を澄ませながら歩いていく。学校と進学塾の往復に明け暮れるだけの生活では決して体験できない多くの人たちと触れ合いながら、ゆっくり旅を続ける。そして、その中で人間としての生き方を学んでいく。

二〇〇七年一月二一日の「朝日新聞」教育面にいささかショッキングな特集が載っていた。

「十二の春」悩む公立小——首都圏、中学受験5万人超時代

といった見出しで「私立お受験」の実態をレポートしたものだ。首都圏の一部地域の公立小学校では、私立中学の統一試験日である二月一日〜二日は、なんと六割〜七割の六年生が欠席するというのだ。以下はこの記事で紹介された現場の先生方の声である。

・(受験する子供は)年明けの始業式にだけ姿を見せ、ずっと欠席
・インフルエンザをうつされないよう、入試の2週間前から親が休ませる
・受験後、家族で1週間の海外旅行に行ってしまった
・出席児童を視聴覚教室に集め、人気のディズニーアニメ「ファインディング・ニモ」を見せた。学校に来ている子につらい思いをさせたくない。休まなかったご褒美のよ

うなもの

・「3学期は授業にならないんですよ」（略）学年の枠を超えた催しを避ける。音楽会では受験する子の役を軽めにしておく……。「小学校生活で一番輝ける時期なのに」

・「学校には友だちと協力して考えるとか、塾とは違う意義がある」。そう言ってがんばらないと、学校って何なのかと悩みますから

・「学力だけが人間の価値じゃないよ」と口をすっぱくする。塾でのクラス分けなどを通じて「あの子はすごい」「この子はたいしたことない」と「ランクづけ」が進みがちだからだ

こうした公立小学校の実態については今さら何も言うことはない。ただ私が思ったのは、ここには「学校を休んで私立お受験に向かう子供たち」と「学校に居残って特別の授業を受けている子供たち」がいるということだ。休んで試験場に出掛けた子供たちは和服姿の母親や「必勝」の鉢巻きをした塾の先生たちの声援を浴びながら試験会場に入って行く。そして、こうした子供たちの向こう側にはガランとした教室でお互いに顔を見合わせるようにして時を過ごしている少人数の子供たちと、こうした「取り残された子供たち」を憮然とした表情で眺めている学校の先生がいる。まさに階層化格差社会を象徴する典型的な情景と言えよう。

こうした寒々とした現代の学校に対して、二〇〇〇年公開の映画『十五才――学校Ⅳ』では実にほのぼのとした情景が描かれる。すみれの家で一泊した翌朝、鹿児島港の埠頭で別れる時、すみれ

は大介を力一杯抱き締める。この映画では長距離トラック便の女性ドライバーすみれを元宝塚の男役のスターだった長身の麻美れいが演じているのだが、その長身のすみれが波止場で船をバックにして小さい大介を抱き締める、このシーンをカメラは後ろに引いたロングショットで撮る。六割、七割の子供が「お受験」のために欠席し、残された少数の「学校に来ている子供につらい思いをさせたくない」と、ディズニーのアニメ映画を観せた先生の心情は、そのまま大介を抱き締めたすみれと重なるものであろう。友達を塾の成績でランクづけする子供たちに向かって「学力だけが人間の価値じゃないよ」と言って聞かせる先生は、学力テストやバウチャー（学校選択）制度といった管理に基づいた成果主義が優先する現代の教育界にあっては、どんな勤務評定を受けるのだろうか。

ロケーション中に、渥美さんの周りに中学生・高校生の不良少年が不思議と集まってくる。その光景を端で見ていると、実におもしろい。渥美さんが彼らをからかうんですよ。そのダボダボのズボンはどうなっているのかとか、変わった上着きているなとか、ちょっと帽子を脱いで見せろとかね。みんな恥ずかしそうにしている。少年たちはたちまち従順な子分みたいになっちゃう。信頼しているんですよね、この人は味方だと。（略）

渥美さんのような、できの悪い生徒の味方になってくれる先生が、一つの学校に二人ぐらいいたら、子どもたちはどんなに学校が楽しくなるでしょうね。

（山田洋次「できない子の側から教育を見直す」『Educo』№11、教育出版、二〇〇六年）

現実の学校は山田さんが言うほど甘いものではない。学習に集中できない子供にてこずっている小学校の先生方、そして警察や家裁と連携しながら生徒指導に体を張っている中学校の先生方にとっては「生徒の味方」になるどころの話ではないのだろう。だが学校は子供を物理的に管理し規律を強制して、一方的に学力伸張に励むだけのところではない。学校なるものは、「子供につらい思いをさせたくない」と新聞記者の前で語った、あの先生のような思いが息づいているところだろう。山田洋次監督の「学校」シリーズは決して門外漢による単なるお伽話のような理想論ではない。

母校という言葉

『学校』(一九九三年)は東京荒川区の夜間中学が舞台になっている。私も卒業生が赴任していたこともあって、葛飾区のとある夜間中学に出向いていろいろ取材したことがあるが、こうした夜間中学には昼間の中学校には見られない実に多様な生徒が在籍している。家族に勧められて通学している高齢の女性は起立の姿勢が辛いのか、片手で腰を叩きながら校歌斉唱の授業を受けていた。給食の時間、私もご馳走になったが、私の目の前の席で食べていた女性はデザートのメロンには箸を付けなかった。わけを尋ねると隣の女性が「孫に持って帰るのだ」と口添えしてくれた。両隣の女性ともども、私も口を付けていないメロンを差し上げた。職員室には生徒の名札が掛かっている。登校すると赤字の名札を裏返して黒にする。その名札には片仮名の名札が意外に多い。外国籍の生徒だと言う。給食の後、職員室の一角にあるソファーで中学生が煙草をくゆらしながら女子バレーの試合中継を見ていた。そのくつろいだ和気靄々とした雰囲気は昼間の中学校には見られないものだった。

国語の授業も参観したが、その授業は「漢字山手線」と称するワークシートによる漢字ドリルの場面だった。教室に入ってきた先生は受講している四人の生徒に「今日はどこからだっけ」と聞くと「渋谷」と答える。すると先生は手にしていたプリントの中から四枚のドリルを配布して漢字書き取り練習に入った。ドリルには番号の代りに山手線の駅名が付いているのだろう。先生は山手線一周を目指して頑張っている四人の大人の中学生に声を掛けながら机間巡視している。昼間の中学の荒れた教室や進学競争に明け暮れるような学校では決して見られない学習風景だった。

映画『学校』のラストシーンも忘れられない。全日制の中学校でいじめにあって、転校してきた心に傷を抱いた女生徒（中江有里）が、主演の西田敏行扮する「クロちゃん」を昇降口まで追って来て声を掛ける。「先生！　私、先生になって、この学校に戻って来る」。彼女にとってはこの夜間中学こそが帰るべき「母なる学校」であり、「江利子が帰って来るまで転勤しないで待っているぞ」と言うクロちゃんこそ母校の恩師なのだろう。

> 「母校」という言葉が死語になりつつありますが、学校は、母という字がふさわしいほど懐かしくてたまらないところであった筈です。
>
> 学ぶということがどんなに喜びであるか、教えるという仕事がどれほど手答えの確かな、生涯を賭けるにふさわしい素敵な職業であるか、ということを、そして学校が楽しい所であってどうしてならないのだ、ということをこの映画の中で描きたいの

です。

（山田洋次『学校』パンフレット）

『学校Ⅳ』では長身の女性ドライバーが主人公の少年を鹿児島港の埠頭で抱き締める――これは母性の象徴であったが、この『学校』では学校自体が「母なるもの」として描かれている。個性俳優田中邦衛扮する競馬マニアの初老の生徒「イノさん」は漢字が書けない。その彼が数学の先生（竹下景子）に恋心を抱き、一世一代の恋文を書いて投函する。それが間違いなく届いたことを知ってイノさんは大喜びする。つまり学ぶことは抽象的な点数や偏差値として意味があるのでない、自分の書いた手紙がちゃんと相手に届くという具体的な生きる力として意味があると言うのだ。

　またこんなエピソードも描かれる。髪の毛を染めたツッパリ少女（裕木奈江）は昼間の中学校を追い出されるようにして夜間中学に落ちてきた生徒であるが、彼女はこの中学で仲間と学びながら自分なりに生きていくことを考えるようになる。卒業したら美容師になりたいと言う。その少女が教室でクロちゃんの髪の毛を漉くシーンも心に残るシーンだった。在日韓国人のオモニは修学旅行に民族衣裳で参加する。父が中国人、母が日本人の青年チャンは中国でも日本でも自分の居場所が見いだせない怒りを抱いているが、この「学校」の仲間の前で自分の本音を語るようになる。イノさんが大腸ガンを患って故郷山形で亡くなったことを知らされた生徒たちは、クラス全員でイノさんの人生は幸せだったのかどうか話し合う。教科書という抽象の世界で勉強するのでなく、仲間の暮らしや生き方、そして一人一人の思いが学習材になっている。つまり映画『学校』は「実の場」

で学んでいる生徒たちを描いた作品だった。

学校には仲間がいる

学校は「小学校令」で見てきたような単なる施設だけで成り立つものではない。あくまで人間の営為として存在している。その人間関係も〈教える人→教わる人〉という一方通行の関係だけではない。そこには生徒同士の「学び合い」という機能もある。

一九九八年公開の『学校Ⅲ』は、バブル崩壊という未曾有の不況に直面した中年世代を生徒にした東京下町の職業訓練学校を舞台にしている。冒頭は大手証券会社で中年の男性社員がリストラを言い渡されるという衝撃的なシーンから始まる。ところが、この『学校Ⅲ』には教師の姿はいっさい描かれない。始めから終わりまで学び合う仲間同士の交流の姿を追い掛けていく。この職業訓練校で手に職を付け、資格を取ろうとしている中年と初老の男女たち、彼らは皆相応に人生の辛酸を舐めて今に至っている。倒産した町工場の社長、経営に失敗した喫茶店のマスター、リストラされたサラリーマンたちが、この職業訓練校の高齢者クラスに集まる。一流証券会社をリストラされた主人公の中年男性（小林稔侍）は背広・ワイシャツを脱ぎ、ネクタイをはずすことができない。証券会社の部長だったホワイトカラーのプライドがそれを許さないのだ。みんなから浮いていた、その彼もやがてはブルーカラーの作業服に着替えて実習に励むようになる。このクラスのマドンナとも言うべき女性（大竹しのぶ）は過労死で夫を亡くし自閉症の一人息子を抱え、自らも乳癌手術を受ける。手術室に入る直前、仲間が集まって彼女を励ます。彼女はビル管理の資格をとるべく入学した紅一点の存在だが、不得手な数学の卒業試験で彼女を救うために仲間たちが自分の答案を彼女に見せることまでする。このカンニングのシーンで観衆は大笑いするのだが、やがてエンディングでは大きな安堵とある種の厳粛な気持ちを味わうことになる。作業服と作業帽で身を固めた彼女は空調設備の点検のため大きな会社に出掛ける。机に向かって事務をとる背広姿の大勢の会社員の興味ありげな視線を浴びながら、彼女は脚立を抱えて広い事務室を堂々と進んでいく。まるで行進曲が聞こえてくるようなシーンだった。夫の過労死、自閉症の息子、乳癌の手術、次から次へと襲いかかる苦難を背負って、今、彼女はこうして胸を張って生きているのだ。山田映画が「人生の応援歌」と言われるゆえんはここにある。

この作品を、未曾有の経済的、精神的大混乱の中に、不安な思いを抱えながらも懸命に生きぬくしかない、悲しい日本の男たちへの心からのエールとし、慰めの歌としたい。

そして、小さな教室でともに学び、語りあうことのできる職業訓練校というささやかな学校への讃歌ともしたい。

（山田洋次『学校Ⅲ』パンフレット）

ここではまず第一に「学校にはともに学び、語りあうことのできる仲間がいる」という点に注目しておきたい。今、シカト（無視・仲間はずれ）やいじめといった側面ばかり取り沙汰されているが、本来、学校はこうした励ましや慰めを前提にした友達や仲間がいるところだった。山田監督の「学校」シリーズに流れているこうしたモチーフは人間存在をいとおしく思うヒューマニズムと言ってもよい。こうした山田さんの作品を一部では「あざとい」と言う向きもあるが、映画への好みの違いは別にして、私たちは学校における生徒同士の励ましと慰めという関係を見失ってはなるまい。

「寄り添う」ということ

山田洋次監督の学校シリーズの中で、事前の取材に最も苦労したのは『学校Ⅱ』（一九九六年）だったかもしれない。舞台は北海道滝川市にほど近い竜別高等養護学校。なんらかの障害を持っている子供たちを教育する養護学校は必ずしも大方の理解が得られてはいない部分がある。時には何かと差別的な視線を浴びることもある。この映画ではこうした養護学校に集まるユニークな生徒たちと、彼らを指導する先生方の間で繰り広げられるさまざまなエピソードが綴られていく。

リュー先生こと青山竜平（西田敏行）の担任する一年F組には知恵の発達の遅れはさほど重くはないが、いじめによる心の傷から一切言葉を発しなくなった高志（吉岡秀隆）、片時もじっとせず暴れまくる祐矢がいる。彼らを見守るのはリュー先生と大学を出て赴任したばかりの小林先生（永瀬正敏）、そしてベテランの玲子先生（いしだあゆみ）。二学期、完黙だった高志が授業中、突然大声を挙げて祐矢を叱り飛ばす。これをきっかけにして祐矢は高志の言うことを聞くようになる。高志も自信を付け、新聞社主催の「青春のメッセージ」コンクールで準優勝する。三年生になった高志は福祉的就労の現場で傷つく体験をする。卒業式を目前にして高志と祐矢は寮を抜け出し旭川へ向かう。リュー先生と小林先生が二人を追う。白一色の雪原でくたびれ果てた二人の頭の上で大きな歌声が聞こえてくる。見上げると赤とオレンジ色の大きな気球が青空に昇って行く。そして、そのバルーンの籠に高志と祐矢が乗っている。二人はいい気になって大声でリュー先生をからかうような歌を歌っている。雪原の青空をバックにして、カラフルな気球がスクリーン一杯に映し出される。まさに息をのむようなラストシーンだった。

この映画でわが意を得たりと思った場面がある。新任の小林先生が廊下で生徒の漏らした便をスリッパで踏んでしまう。先生は生徒を前にして「どうして自分がこんな学校にいなくてはならないのか」と怒りまくる。そして札幌の普通校への転任希望を出すのだが、この小林先生にベテランの玲子先生が教育の本質を諭すシーンである。空き教室で生徒の腰掛けに座っている小林先生に向かって玲子先生はこう言う。「あなたはいつも子供たちにこうやって対面している。そうではなくて……」、こう言いながら後ろに回って小林先生の肩を抱くようにして「そうではなくて、子供たちに寄り添うことだ」と説く。教師は生徒児童と対峙するのでなく、同じ目線で同じ方向を向くこと、これが教育の本質であると言うのだ。最終的には小林先生は転任希望を取り下げ、この養護学校に留まることになる。

私の教え子が勤務する神奈川県のとある養護学校中等部の卒業式に立ち合ったことがある。和服袴姿の彼女が卒業生一人一人を呼名していく。呼ばれた生徒は席から起立して一人で登壇し、校長から自分の卒業証書を両手で受け取って席へ戻るのだが、これがなかなかすんなりとはいかない。時には呼名されても起立しない生徒もいる。あらかじめ近くで待機していた男の先生がすうっと近寄り、生徒の手を取って付き添うようにして登壇させる。中には校長が証書を読んでいる間中、その前で盛んにお辞儀を繰り返す生徒もいる。「証書を早く寄越せ」という催促なのだ。ようやく証書を手にすると、回れ右をして会場に向かって、その証書を両手でパタパタする。やがて階段の下で待っていた男の先生にいざなわれて階段をダンダンと大きな音を立てて降り、前のめりの姿勢で自分の席に戻る。臨席している来賓や父兄もこうした一人一人の行動をあるがままに見守っている。式場全体が生徒に寄り添っている。そんな温かい眼差しが感じられる卒業式だった。

その後もこの養護学校の運動会や学習発表会などに立ち合ったが、どの場面でも、障害を抱えた生徒に「寄り添う」先生方を目にしてきた。普通校との交流会で、県立高校のブラスバンド部が体育館の床に座った生徒たちを前にして演奏した時、面白いことに気付いた。いわゆるバラード調の曲では子供たちの反応はにぶく会場はざわついていたのだが、マーチ風の曲に変わると子供たちは床を叩いたり身体を大きく揺らしたりして喜ぶ。子供たちはブラス特有のはっきりした強いリズムと響く音色に乗るように反応する。その時、ビデオのファインダー越しに、フルートを吹いている女子高校生が涙を浮かべているのに気付いた。思うに、自分たちの演奏に障害を持った子供たちがこんなにも反応している――それに胸を熱くしたのだろう。まさに彼女は音楽を通して障害を持つ生徒たちに「寄り添う」ことを実感していたのだ。

学校における二つの視点

この映画のパンフレットで山田さんは次のように語っている。

障害児教育の世界には「完全受容」という言葉がある。生徒の行動のすべてをうけいれ、どんな突拍子もない行動にもけっしてマイナスの評価を下さない、という考えかたである。逆の考え方もあるだろう。発達の遅れのある子たちが偏見にあふれたこの社会にでてもなんとか生活が成り立つように、日常生活の最低のノウハウだけはきちんと教えこまなければいけない、という説である。

（山田洋次『学校Ⅱ』パンフレット）

ここで言う完全受容なる概念は、障害児教育だけの用語ではなく、教育相談（カウンセリング）の分野にも当てはまる言葉だろう。悩みを抱え、思い余って教育相談室にやってくる生徒（クライアント）は先生（カウンセラー）に促されることなく、問わず語りに自分の悩みをポツリポツリと話し出す。先生は生徒の悩みを受け止めようとして、ひたすら聞くことに徹する。先生が予断を持って生徒を決め付けて説諭したり指示したりしても悩みを持つ生徒にとっては何の解決にもならない。まずもって「あるがままの悩み」に耳を傾け、ひたすら生徒の悩みに同化し共感しようと努める、これが完全受容である。こうしたカウンセリングの立場を「非指示的方法」というが、この立場はあくまで生徒自身の自己解決を待つというものだ。つまり「人間は無限に成長し発展していく存在である」と捉える、性善説的なヒューマニズムの立場と言えるかもしれない。完全受容という言葉には、このように人間を肯定的に見る視点が含まれている。

しかし、山田さんは「きちんと教え込む」という視点にも言及している。言葉を換えて言えば学校教育は子供の放縦をただ承認しているだけで事が済むわけではない。教師や親は自らの要求をはっきり提示し、子供たちの「なすべきこと」をきちんと指示していく側面も欠かせない。山田さんは養護学校に続いて普通学級の教育にも言及して次のように言う。

(略)困難なつらい障害をもった生徒たちひとりひとりの心を理解しようとして懸命になっている真面目な教師たちの仕事ぶりをみていると、障害児の問題をはなれて広く教育、あるいは学校全体につながる普遍的な課題がそこからうかび上がってくるように思えてならなかった。(略)　(前同)

山田さんは完全受容という視点と「きちんと教え込む」という視点の調和が普通学校の課題であると言う。言葉を補って言えば実際問題として、生徒の自己解決と自己成長の可能性をあるがままに認め、それに「寄り添う」だけで、知識獲得や能力伸張が達成していくものではない。そこではなんらかの形で「教え込む・躾ける」といった視点も欠かせない。問題は生徒の自発的な成長と教師が教え込んでいく行為とを、どう調和させていくかにある。完全受容とは決して子供を放任するだけのものではない。

先年、教育再生会議の第一次報告として「教育再生のための当面の取り組み――七つの提言と五つの緊急対応」なるものが報じられた。そこでは「規律ある教室」とか「毅然たる指導」とかいった側面が強調されていた。その象徴がいじめの加害者の出席停止問題であろう。しかし、こうした思潮に立って、映画『学校Ⅱ』で提示された「完全受容」なる視点を単に甘い理想主義として全否定することがあってはなるまい。児童生徒の自らの「気付き」と、教師による「促し」に基づいて子供たちを「学び」に向かわせることが学校教育の根幹であろう。

一〇年前の映画『学校Ⅱ』で山田さんが提起した問題は決して古びてはいない。

第八章　「おっと、どっこい生きている」――「生き方教育」を考える

この最終章では、本書の主題でもある「生き方教育論」を展開する。近年の教育論議では何よりも学力の向上が強調されているが、ここではすべての子供たちがいかなる境遇にあっても、それぞれ所を得て、人間として豊かに生きていく、そのための具体的な視点を提示していく。

一　宮澤賢治「雨ニモマケズ」を読む――教育における「気付き」ということ

「生き方教育」なるものを考えるとき、言葉を扱う国語の学習は大きな意義がある。物語教材を読むことで登場人物に同化しながら、その生き方を丸ごと体感する。また、詩教材を通して作者の内面にある人間的な感覚や思いに触れ、自分の感性を耕していく。そして中学・高校レベルでは人生論や人間論といった評論を読むことで真っ正面から自分の生き方に思いを馳せる。こうした学習にはもちろん読解力の養成という言語能力目標が一義的に内包されているが、それだけに留まるもの

ではない。

人生そのものを教材にする国語はとくに大切です。詩歌も一つの方法で、散文で語れない「空白」を感じ、子どもも先生も裸になって触れ合える場になりえる。（略）当然、人間観もかわることがありえます。

でも、深い気づきのない教師に、事の重大さをどう自覚させるか。（略）

（二〇〇二年一二月一六日「朝日新聞」夕刊「孤独のレッスン35　教育学者の上田薫さんに聞く」）

これは教育学者上田薫さんの談話の一部であるが、いささか言葉の足りない部分もあるので、以下、言葉を補いながらこの談話の趣旨を私なりに言い換えておく。

教育には人間教育・人生教育といった機能がある。特に詩歌などを教材として扱う国語科は、子供たちに対して人間や人生に対する深い気付きを促すことができる。当然、子供たちの人間観や人生観も変わることがある。そのためには、国語の時間は子どもも先生も裸になって触れ合える場でなくてはならない。

この上田さんの指摘の中で特に目を惹くのは「気付き」という言葉であろう。人生の価値に自ら思いが至る、人間のあるべき生き方に考えが及ぶといった意味合いだが、それはカウンセリングで言うところの「パーソナリティー・チェンジ」（人格転換）に通ずるものであろう。文学作品に啓発され、先生の講話に感銘を受け、文字通り「人が変わる」といった体験である。

遠い少年時代、山本有三の「路傍の石」を読んで、漠然としたものではあったが、自分の境遇とか進路といったものを意識するようになった覚えがある。主人公の少年吾一は「学校はできる」のに家が貧しいため中学進学ができない。そんなこともあって友達との意地の張り合いから、汽車の走る鉄橋にぶら下がる事件を起こし、担任の次野先生から訓戒を受ける。先生に「吾一という名前は、われはひとりなりという意味だ、自分を大事にしろ」と諭される。先生は『学問ノススメ』という本を貸してくれる。

人ハ生レナカラニシテ貴賤貧富ノ別ナシ　唯学問ヲ勤テ物事ヲヨク知ル者ハ貴人トナリ　富人トナリ　無学ナル者ハ貧人トナリ　下人トナルナリ

この「路傍の石」は当時の私にとっては、決してたやすく読めるような小説ではなかったが、勉強ができるのに家が貧乏なため中学に行けない吾一が哀れでならなかった。「われはひとりなり」という次野先生の言葉は自分にも当てはまると思った。また引用されていた「学問ノススメ」はよくわからなかったが、なんとなく勉強を怠ると「貧人」や「下人」になってしまう怖さを覚えた。上田さんの言う「深い気付き」とはこういうことなのだろう。このように、国語教材が子供たちの生き方を変える契機になることもあるのだ。

「人生への気付き」に直結していく教材に宮澤賢治の「雨ニモマケズ」がある。一九二二年（大正一一）、最愛の妹トシの死を契機に賢治は法華経への帰依を深めていく。一九二六年に農学校の教職を辞し、花巻の小さな家で独居自炊の生活に入る。この「雨ニモマケズ」は賢治の病床に残されていた「最後の手帳」に書かれてあった詩だが、今では賢治の作品の中で最も広く知られたものになっている。だが、そのわりには教科書に採られていない。教科書教材として採るには、表記の問題やその宗教性や「デクノボー」思想などの抵抗があるのだろう。

しかし、この「雨ニモマケズ」は現代人の生き方に対する一つの批評になっている。この詩に触れて子供たちは何を思うか。また私たち大人は子供たちを前にしてこの教材を通して何を語るか。

雨ニモマケズ　　宮澤賢治

雨ニモマケズ
風ニモマケズ
雪ニモ夏ノ暑サニモマケヌ
丈夫ナカラダヲモチ
欲ハナク

決シテ瞋ラズ
イツモシヅカニワラッテヰル
一日ニ玄米四合ト
味噌ト少シノ野菜ヲタベ
アラユルコトヲ
ジブンヲカンジョウニ入レズニ
ヨクミキキシワカリ
ソシテワスレズ
野原ノ松ノ林ノ蔭ノ
小サナ萱ブキノ小屋ニヰテ
東ニ病気ノコドモアレバ
行ッテ看病シテヤリ
西ニツカレタ母アレバ
行ッテソノ稲ノ束ヲ負ヒ
南ニ死ニサウナ人アレバ
行ッテコハガラナクテモイイトイヒ
北ニケンクヮヤソショウガアレバ
ツマラナイカラヤメロトイヒ

ヒデリノトキハナミダヲナガシ
サムサノナツハオロオロアルキ
ミンナニデクノボートヨバレ
ホメラレモセズ
クニモサレズ
サウイフモノニ
ワタシハナリタイ

（『現代文学大系　15』筑摩書房、一九六五年）

二　「どっこい生きている」を支えるもの

頑健な体力と健康な心身

「PPK」なる言葉がある。何かの略語かと思ったら、これが理想の生き方だという。この「PPK」は「ピン、ピン、ころり」の略だった。なるほど倒れるまで「ピンピン」していて、介護を受ける前に「ころり」と逝くのが理想の人生と言うのだろう。そのためには、まずは「玄米四合ト味噌ト少シノ野菜」の健康食をきちんと食べて「丈夫ナカラダ」を維持しなければならない。前章では映画『学校Ⅲ』の主人公であるビル管理士の大竹しのぶを通して「ブルーカラーの誇り」といったことを述べたが、それもあくまで「丈夫ナカラダ」あってのことだ。

子供たちのこれからの人生を考えたとき、何よりも頑健な体力と健康な心身が大前提になる。ある大手進学塾のパンフレットを見て驚いたことがある。そこには「学校の運動会は頑張らないでいい」といった趣旨のことが書かれてあった。怪我したら元も子もない、ピラミッドや五段タワーの組体操、騎馬戦、棒倒しなどなど「ほどほどにしておけ」ということなのだろう。しかし学歴だけ高くても「ひ弱なインテリ」や「痩せたエリート」ではどうにもならない。体位の向上と体力の増強はひとり保健体育科だけの責務ではない。深夜まで続けるメールとゲーム、アダルトビデオへの耽溺、果ては喫煙、性体験、薬物汚染、拒食症と自傷行為、こうした心身の崩れは学校教育全体の課題であろう。「早寝、早起き、朝ご飯」「元気なあいさつ、楽しい夕餉」――ある地域のＰＴＡ活動のスローガンであるが、朝食ヌキの多くの子供が授業に集中できないこともあって、一部の学校では朝イチにお握りの給食を実施していると言う。さらには「ノーテレビ・ノーゲーム・デイ」を設定している学校もある。夜遅くまでゲームに打ち興じて、朝起きられないといった生徒が多いのだろう。「おっと、どっこい生きている」と胸を張って生きていくためにも何はともあれ「丈夫ナカラダ」を維持することが第一義となる。

「a little money」を生む力

映画の鬼才チャールズ・チャップリンの『ライムライト』（一九五二年）に印象的な台詞がある。

チャップリン扮する老いた芸人が自殺を図った一座の踊り子を助け、ベッドで横になっている踊り子の枕元に立って彼女を励ましてこう言う。「love! love! love! and a little money」、字幕にはどんな日本語訳が付いていたか記憶にないが、意訳すれば「愛とほんの少しのお金があれば、この世の中、なんとか生きていける！」と言ったところだろう。この台詞のポイントはチャップリンが「love! love! love!」といった観念的なお題目に留めないで、「a little money」を添えたところにある。いかなる時代であろうと生きていくにはお金がなくてはならない。しかし、それはファンドや粉飾決算や悪徳商法で手に入れる「big money」ではない。「玄米四合ト味噌ト少シノ野菜」を入手するだけの「ほんの少しのお金」でいいのだが、しかし、どうやってそれを入手するかその方法が問題になる。基本的には「丈夫ナカラダ」を資本にして額に汗して働くことが前提になる。前章の『学校Ⅳ』では不登校の中学生と引きこもりの若者の交流が描かれていたが、彼らが自立して生きていくには、まずは外に出て身体を使って働くだけの体力と気力を身に付けなくてはならない。

今、多くの中学・高校で職場体験実習や看護実習が行われている。たまたまこうした実習に出向いた中学生を身近で見る機会があった。ある内気な女生徒は文房具好きであることから、一人で町の文房具店に出向き、経営者と交渉して二日間実習した。商品の棚卸しからレジ打ちまで経験したと言う。少女の夢をかきたてるような文房具店の現実を文字通り身体で体験して帰って来た。また運動部の男子生徒は多くの友人が数人で連れ立って工場や商店に行ったのだが、何か思うことがあったのだろう、一人でファーストフード店に出向き、店内の清掃、調理場の下働き、食器洗いから接客まで担当した。華やかに見える表とそれを支える裏方の仕事のすべてが物珍しく面白かったらしい。店長から即戦力との評価を貫い、意気揚揚と引き揚げてきた。

職業に貴賎はない。マニュアル労働（肉体労働）であれ、ノン・マニュアル労働（知的労働）であれ、それなりに楽しく働いて、なにがしかの「a little money」が得られれば、それに越したことはない。先日、新聞でNさん（二九歳）という元商社マンが紹介されていた。Nさんは東京出身で大学卒業後、専門商社に就職するが、商品売買の数字いじりに明け暮れる生活に馴染めなかった。営業方針の変更を伝える部長の薄っぺらな訓示に嘘を感じて辞表を出す。そして竹細工職人になるべく、アポなしで地方在住の職人の所に出向いて弟子入りを頼んだ。そして今は売り物にならない竹籠を編んでは師匠の教えを受ける日々を過ごしている。近所の人から「へぇ、東京から？　大学まで出たのに、どうしてまた……？」とあきれられる日々だが、Nさんは商社にいた頃にはなかった充実感を覚えているという。一流大学を出て企業名だけで自分の一生を決める周囲の若者に対して、Nさんは地方在住のしがない竹細工職人の暮らしを自ら選び、今、それに満たされている。ここでは竹籠を編むという労働に対する報酬の多寡とか世間体とかいったものは完全に超越されている。これまでの商品売買というビッグ・マネーを扱う暮らしにはなかった喜びを文字通り、身体で実感しているのだろう。「Quality of life」という言葉がある。直訳すれば「暮らし方の質や価値」といった意味合いだが、Nさんは商社マンより竹細工職人の暮らしのほうに「生きる価値」を見いだしているのだ。

およそ人の暮らし方なるものは、その人固有の文化であり、その人特有の価値観によって支えられている。要は自分で「どっこい、生きている！」と実感できるかどうかである。問題は、生きていくに足る「a little money」を得ることができるかどうかだろう。

自分の生き方を選ぶ

詩「雨ニモマケズ」は文法的に言えば、全体が「ワタシハ　サウイフモノニ　ナリタイ」というワン・センテンスの構造になっている。あとの二七行はすべて「サウイフモノ」に係っていく修飾部であるが、この「サウイフモノ」とは、言うならば「デクノボー人間」である。「デクノボー」の「でく」は「くぐつ、人形」を意味する。そして「でくのぼー」は「なんの役にも立たない人間、気の利かない頭の悪い人間」を指す。言うならば人を馬鹿にする言葉であるが、賢治にとってはたとえ世間から「デクノボー」と言われようと、「ワタシハ　サウイフモノニ　ナリタイ」という理想の人間像である。ここで言う「デクノボー」は清貧にして篤実な人間と言っていい。賢治が目指した「デクノボー人間」は物欲と権力欲にとりつかれた世間の「俗物」から見れば、確かに馬鹿みたいな暮らしだろう。しかし「野原ノ松ノ林ノ蔭ノ　小サナ萱ブキノ小屋」に住み、病気の人を「看病シテヤリ」、疲れた母の「稲ノ束ヲ負ヒ」、「ヒデリノトキ」は人々とともに「ナミダヲナガス」——こういう日々の暮らしの中で賢治は満たされていた。Nさんも世間の人がどう言おうと、一流商社マンの生活より、今の竹細工職人の暮らしに至福の喜びを感じている。

株で一〇〇億円儲けても……東大生でも……フリーターでも……

ニートからエリート会社員まで〝満たされない〟人々大量発生中

これはある本のキャッチコピーだが、ここでは勝ち組と思われている人々、そして負け組の人々もともに「満たされない人々」と言われている。こうした満たされない人たちの対極にはNさんのような〝満たされた〟暮らしを実感している人々もいる。「僕ら、不自由なく育った世代はお金はそんなにいらない。生き方のほうが大事ですから」とは自ら「百姓」という名刺を持ち歩き、北の大地で土に生きようとしている青年の言葉である。「お金」か「生き方」か、要は何を選ぶかだろう。子供たちの生き方教育で意識したいのは、こうした実存的な生き方である。つまり未来の自分をどう「投企する」か、主体的にどんな自己選択をするか。一流商社マンよりも竹細工職人を選ぶ、高給取りのビジネスマンよりも北の大地の百姓として生きる。二人は「自分なりに生きる」ことを選んだ。聞くところによれば上級国家公務員試験の受験者が大きく減少しているとか。中央官庁に入省して「末は次官か局長か」といったキャリア志向の人生を選ばない学生が増えているのだろう。「おっと、どっこい生きている」とは、いかなる境遇にあっても他人を妬んだり自分を卑下したりすることなく、胸を張って生きていく生き方を指している。セレブに憧れた女性が、それが満たされないと言って夫を殺す、医者一家の次男が医学部入学を目指して三浪していたが、妹にバカにされたと言って殺す、この二人に共通して内在しているのは、上流への上昇を夢想していたと言うよりも、下流へ落下して行くことへの衝動的な拒絶反応であろう。「おっと、どっこい生きている」という生き方は、この二人の生き方とは対極をなすものである。

自分の身の丈、身の幅にあった生き方をする

「てめー、さしずめインテリだな？」――映画『男はつらいよ』の主人公フーテンの寅さんの決まり文句である。縞の上着にだぼだぼのズボン、そして毛糸の腹巻姿の寅さんが相手の立ち居振舞いから彼が学歴のある教養人であることを見破ってこう言う。寅さんは相手にコンプレックスを感じて言い掛かりを付けているのではない。この台詞は「この俺はれっきとした庶民よ」といった自負に裏打ちされている。さらに言えば、自由闊達、風の吹くままに生きている自分に比べて、さまざまの因習や様式に縛られ、窮屈に生きているインテリ階層の形式主義を突いた台詞でもある。「寅さん映画」にはよく学者が登場するが、多くの場合、二人のちぐはぐなやりとりを描きながらも、その学者が天衣無縫の寅さんと心を通わせていく筋立てになっている。また「ザーマス言葉」を操る気取った女性も登場するが、そこでは自由闊達な寅さんが鏡になって上流階層の俗物性と虚飾性があぶり出される仕組みになっている。

「氏より育ち」という。人は生まれついた環境の中でそれなりに育っていく。そして、それぞれの暮らしのスタイルを身に付けていく。服装や言葉遣い、顔つきや身のこなし、さらには考え方・感じ方に至るまでそれ相応のスタイルが形成されてくる。「氏より育ち」――これを「Habits」と言う。直訳すれば「習慣」だろうが、むしろ「身体化された文化」と言ったほうがいい。おやつは紅茶とビスケットか、それとも芋ようかんと番茶か。家で流れている音楽はチャイコフスキーか古賀政男か。冬至には柚子湯に入り、節分には大声で豆まきをするかどうか、これが「Habits」である。寅さんにはいかにも露天商人らしい「身体化された文化」が身に付いている。しかし寅さんはイン

テリや上流階層を前にしてもいささかのコンプレックスも感じてはいない。

ヨーロッパには「ノブレス・オブリージェ」（Noblesse-oblige）なる言葉がある。「高貴な身分に伴う義務と責任」と訳されている。上流階層の人間は相応の慈善活動や寄付行為が半ば義務付けられている。また高貴な身分にふさわしいノーブルなマナーが求められている。こうした上流階層出身の男子は軍隊では相応の階級に就いて兵を指揮する責任を持つ。一九九〇年アカデミー賞三部門受賞作品『グローリー』（栄光・名誉の意）はボストン出身の白人青年の「ノブレス・オブリージェ」を劇的に描いた作品である。彼は自ら志願して南北戦争史上初めての黒人連隊を率いて戦う。彼は難攻不落の砦の突撃で、軍旗はためく下にサーベルを振りかざし、先頭に立って敢然と敵陣に突っ込んで行く。わが国では政界・官界・産業界のトップやいわゆる上流と言われる人々には、こうした「ノブレス・オブリージェ」の自覚はないように見える。「一〇〇人に一人のエリートが国を引っ張るから、あとの九九人の無才・非才はただ〝実直の精神〟さえ身につけてくれればいい」――教育改革の関係者の発言だったが、問題は「一〇〇人に一人のエリート」にふさわしい「ノブレス・オブリージェ」をも含み持った真のエリート教育がなされていないところにある。政官財のモラル・ハザートや、「上流」を自認している階層の俗物性を見るにつけ、一部で使われている「品格」や「武士道」といった言葉に思いを馳せる昨今である。

本書で言う「おっと、どっこい生きている」教育論は、それぞれの子供がそれぞれの「Habits」の中で身に付けてきた行動様式に応じて、自分にふさわしい生き方を構築していく、そんな生活力の育成を志向するものである。

「魂のこと」を教える

先頃東京渋谷の繁華街で夜を明かす女子中学生を報じたテレビ番組があった。もう二〇日も家に帰っていないという。もちろん学校にも行っていない。深夜に出会い系喫茶に登録し、落ち合った男性と朝まで過ごして二万円を手にする。派手な服装とメイクをしたこの一五歳の少女は将来どんな人生を送っていくのだろうか。一〇年ほど前、少女売春を語る言葉として「援助交際」なる言葉が登場した。「売春」は一昔前の岡場所や風俗店が連想されて余りにも生々しい。それに対して「援助交際」はお金を「援助」してもらうための「交際」といったニュアンスだったせいか、たちまちにこの言葉が広まった。そして、この言葉が免罪符になったのか背徳とか罪悪とかいったダーティーな部分がぼかされてしまい、現代の若者の風俗として何の抵抗もなく受け入れられている。しかし実態はそんなものではない。夜更けの盛り場を付けまつげとミニスカートで歩く少女たちの姿には、単に非行少女という言葉では括れない、ある種の暗い奥深い「崩れ」が感じられてならない。私たち大人はどんな言葉を使って彼女らを指導したらいいのだろう。この少女はテレビカメラに向かって「夜の渋谷は明るい！　だから毎晩ここに来る！」と口にしていた。確かに辛気臭いわが家で過ごすより、ここの華やいだ世界に身を置くほうが遥かに楽しいのだろう。

「明るさ」と言えば「雨ニモマケズ」にはある種の明るい気分が流れている。片仮名表記の印象もあるのか、とにかくこの詩には透明感が漂っている。「野原ノ松ノ林ノ蔭ノ　小サナ萱ブキノ小屋ニイテ　欲ハナク　決シテ瞋ラズ　イツモシヅカニワラッテヰル」――この絵柄は宗教画の世界だ。観音菩薩や阿弥陀如来の後光が輝き、清澄な空気が流れている。それは繁華街の風俗営業のネオンの明るさとはまったく次元を異にする。「欲ハナク　決シテ瞋ラズ」といった平安な世界に対して、渋谷の少女が身を置く世界は見知らぬ男と時間をともにして二万円のお金を入手するような世界である。賢治が静謐にして安らかな心境に身を置いているのに対して、この少女の身体と心は限りなく頽廃している。

かつて心理学者河合隼雄氏の談話に心惹かれたことがある。

（援助交際は＝引用者注）意識の表層で考えたら、何も悪いことないでしょ。お金になるし、相手も楽しんでるし、自分は別に平気だし。だけど、その存在全体から見ればやっぱり問題なのね。

その時は平気なんだけど、十年たった時にすごいノイローゼになるとか、急に悔恨や自責の念に襲われて死にたくなったりする。で、どんな言い方もできるけど、「魂が傷ついている」と言ったらわかりやすいでしょ。わかりやすいから言うてるんで、魂が存在してるというのではない。

（一九九七年六月一二日「朝日新聞」夕刊「河合隼雄の世界④」）

援助交際に走っている子供たちを前にして、言うべき言葉を失っている大人たちにとって、この河合さんの言葉は話し言葉スタイルでありながら実に重たいものがある。「将来、いつの日にか無性に自責の念に襲われて死にたくなる時がくるかもしれない……、それは自分の『魂が傷ついている』

からだ」。この「魂が傷ついている」という指摘は単に性につながる援助交際だけのものではない。相手を死に追いやるようないじめやリンチも決して打ち消すことのできない記憶となって、いつか「死にたくなる」ような自己否定の衝動に駆られる日が来るのだろう。こうした罪意識に苛《さいな》まれ、死を意識するといった心境は、静謐にして穏やかな「雨ニモマケズ」と正反対の「修羅の世界」のものだ。子供たちの将来の人生を考える上で、河合さんが言及した「魂の教育」は示唆に富むものであるが、それは何も大それたことではない。文学教材を扱うとき、作者の願いや登場人物の心情に触れて「魂が傷つく」とか、「心が痛む」とかいった言葉を使うだけでもいい。要は子供たちが、将来にわたって、わが身を持ち崩すことなく、他人を痛めることもなく、わが身と他者の生命を大事にして生きていく、そうした精神を涵養していくこと、これが「魂の教育」である。

「スモール・ステップ」ということ

自宅近くの高台に小さな公園がある。その公園の入り口に相当量の煉瓦が打ち捨てられていた。誰かが自宅の庭で使っていたものを夜ひそかに車で運んで捨てたのだろう。近くにはお砂場や遊具もある。市の公園協会に連絡して撤去して貰えば済むことなのだろうが、そのうちに一人のお年寄りがそれを片付ける作業に取り掛かった。ハンマーで煉瓦を叩き割り、その煉瓦の破片を小分けしては袋に入れる。そして、それを少しずつゴミの集積場に運ぶ。こうした気の遠くなるような作業を来る日も来る日も続け、とうとう山積みにされていた煉瓦はきれいになくなった。この公園を下がったところに「せせらぎの道」なる散歩コースがある。綺麗な水の流れに沿って木々や草花が植えられ、ウォーキングに最適の木道も設けられ、お洒落な時計台や休息用のあずまやも設置されている。水の流れには大きな真鯉や色彩やかな緋鯉、そして子連れの真鴨も泳いでいる。めだかを掬ったりえび蟹を釣ったりする子供もいる。土地の人によると、この小さな流れは多摩川の水を引いた用水路だったが、それを行政当局が市民の散策コースとして整備したものだという。万歩計を付けて歩いていると、袋とゴミ挟みを手にした初老の女性と出会う。彼女は煙草の吸い殻や紙屑、さらには放置された犬の糞まで拾い集めている。誰に頼まれたわけでもない。これが日課になっているのだろう。軽く会釈すると彼女のほうもかすかに頷いて行き違う。黙々と煉瓦割りを続ける老人、楽しむようにゴミ拾いを行っている女性、そこには「雨ニモマケズ」に通ずるものがある。「アラユルコトヲ　ジブンヲカンジョウニ入レズ　ヨクミキキシワカリ」「東ニ行ッテ」煉瓦を割り、「西ニ行ッテ」塵芥を拾う。この二人は人から賞められるためにやっているのではない。ただ日課としてやっている。そして二人はこうした自分の行為によって満たされているのだろう。

学校教育では「Small-step」とか「Achievement」といった言葉がよく使われる。「スモール・ステップ」は言うならば「小さな目標・少しずつの成長」といった意味合いを持つ。例えば陸上競技で最初から県大会記録を目標にするのでなく、まずは自己新記録を目指して頑張る。教科指導の領域でも「個に応じためあて」ということが言われる。この勉強で自分は何を目指すか。これまでよくわからなかった分数の通分や約分をマスターする、関係代名詞の用法を理解する、この問題集を一日に五例題ずつ解いていく……。これが「Small-step」である。煉瓦の山を一挙に片付けるのではない。まずは「一日、五個」ずつ、散歩道のゴミ拾いも「今日はここまで、明日は〇〇橋まで」

を目指す。子供たちも近い将来、いかなる職に就いても「小さな歩み」を目指して働くことになる。「Achievement」とは「為し遂げること・成就感・達成感」を意味する。暮らしの中で設定した小さな目標に向かって、それなりの努力を続け、それなりの成果が出る、それが次のステップへの動機付け・モチベーションになっていく。「頑張れ！　でなく、頑張ったね！　が大事」——最近、「子供をやる気にさせる」言葉として例に挙がっていたものだが、煉瓦を割り続ける老人、散歩道の清掃に励む婦人にとっては日々の日課を果たすこと自体が日々の暮らしの張り合い（モチベーション）になっている。今日の業を為し終えた日にはカレンダーに赤丸を付け、それを見ては毎日の達成感を実感している、こんなイメージまで浮かんでくる。この赤丸こそが二人にとっては自分の「Achievement」、つまり成果であり成績であるのだ。

この日々の「小さな歩みと達成感」を意識させること、これが「おっと、どっこい生きている」教育論の一つの視点である。

セカンド・ライフを持つ

昔の教え子で市民コーラスにハマっている女性がいる。既に還暦を過ぎているが、年に何回かのコンサートに参加し、そのためのハードな練習もこなしている。それだけでない。有能な彼女は連絡や広報といった裏方の仕事も背負っている。数年前、コンサートに招待され、東京上野の芸大ホールに出向いた。ホールが暗転して、まばゆいばかりの照明の中を団員がステージに入場してきた。男性は黒のスーツに蝶ネクタイ、女性は白のロングドレス姿で背筋を伸ばして整列する。やがて合唱が始まった。彼女はやや上向きの感じで指揮者を見詰め、コーラス特有のあの口形をして歌っている。子育ては終わり、幼い孫もいる。連れ合いも健在で家事に追われる毎日らしい。その彼女が今、こうしてステージでまばゆいばかりに輝いている。彼女にとって、このコーラスは生きるための生業ではない。むしろ何がしかの持ち出しを前提にして成り立っている趣味であり道楽である。ここで言うセカンド・ライフとはこういう「余技」の世界を言う。

無限競争という言葉がある。成長と発展が著しい韓国で使われている言葉らしいが、それは日本にもそのまま当てはまる。かつて「揺り籠から墓場まで」なる言葉が華やかに登場した時期がある。高度経済成長を背景にして社会福祉政策を賛美したフレーズである。その頃、「一億総中流」という言葉も飛び交った。しかし、昨今は完全に風向きが変わった。「死なない程度の給料を出し、死なない程度に働く」という奇妙なフレーズもある。さらにショッキングな数値も取り沙汰されている。日本の貧困率（全国民平均所得の五〇パーセント以下の比率）は一五・三パーセントで、それは世界第三位に位置すると言う。さらには日本では一年間に三万人もの人が自殺している。一〇万人あたりの自殺者数で示される自殺率は先進国の中ではトップだというが、イメージ的に言えば先般行われた東京マラソンのスタート地点に参集した、あれだけの人々が一年の間に自死しているのだ。これは経済的な理由だけでなく、見ず知らずの若者がワンボックスカーの中で練炭を燃やして心中していくような自殺も含まれている。

いまのお母さんたちは、子どもの試験の成績をよくすることで頭がいっぱいだよね。

だから塾にかよわせることになる。でも、テストの点数は、学校で先生が教えてくれたことを理解して、覚えて、こたえを書く能力を見た結果でしかない。それだけで人を評価することはできない。
そういう受け身の能力のほかに、もう一つ大事な能力が、さっき言った自分で進んで何かをする力だ。(略)
(二〇〇六年一一月一九日「朝日新聞」朝刊)

これはノーベル賞を受賞した物理学者小柴昌俊さんが群馬県の高校生を対象にした講演の一部である。掲載された新聞には「いじめられている君へ」というタイトルと「世の終わりと思わないで」という大見出しが付いていた。この講演のあと、フロアーから「自分は毎日、勉強に追われているので、自分のやりたいことが見つからないのだが」という質問が出た。それに対して小柴さんは「勉強はほどほどにして、音楽やスポーツを楽しみなさい」と答えている。受け身の勉強だけでなく、音楽やスポーツを楽しむことで「自分のやりたいこと」が見つかるかもしれない。またいじめに遭っても「世の終わりと思わないで」済むかもしれない。小柴さんが口にした「試験の成績」や「テストの点数」はある意味、学校においては一義的なものだろう。当然、こうした「テストの点数」は進学競争の決め手になる。それに対して「音楽やスポーツ」は「特別活動」と呼ばれる正規の側面もあるが、所詮、二次的なものであろう。しかし小柴さんはテストに追い回されるより音楽やスポーツを楽しめと言う。
貧困率世界第三位、自殺者三万人に象徴される生きにくい時代状況にあっては、生きる支えになるような第二の活動の場、すなわちセカンド・ライフの場が大きな意味を持つ。コーラスという趣味が生き甲斐になっている、散歩道の清掃という奉仕活動が暮らしの中のアクセントになっている、日本百名山踏破、俳句創作、阪神タイガース応援団……。これも生き甲斐につながるセカンド・ライフである。「楽しめることが何もない」と言う痩せたエリートの寒々した生き方を思えばいい。「セカンド・ライフを楽しむ力」、これは大きな「生きる力」である。

「いい気持ち」になる

長年、大学の教師をやっていると、学生の就職活動の結果が見えるようになってくる。コンパの二次会で、飲み屋の上がり座敷で車座になってくつろいでいる時、見るともなしに採用者側の目で一人一人の学生の顔を眺めていることがある。表情が生き生きしている、雰囲気が華やいでいる、端正なたたずまいを感じさせる――無意識にそんな品定めをしている。

大きい声を出して、ニコニコし、少しの知性があれば、まあこの世の中なんとかなる。

アサヒビール名誉会長だった樋口広太郎氏の談話である。言うならば「世渡りのコツ」であろうが、ここで示された「声・顔・頭」の三点はそのまま面接試験の着眼点と言ってよい。まず第一の「大きい声」は、最近の若者の多くが小声で不明瞭な物言いをすることへの批評になっている。だが「大きい声」は単なる声量だけのことではない。声量は小さくても口形がはっきりして「通りのいい、目に見える声」が望ましい。第二の「ニコニコ」は、穏やかで生き生きしている表情ぐらいの意味だろう。そして第三の「少しの知性」はもちろん学歴とか教養とかいったものではなく、いわば「気が利く・知恵が及ぶ」といった利発さを指したものだろう。いよいよ顕わになりつつある格差社会状況のただ中にあって、現代の子供たちがそれぞれの所を得てそれなりに生きていく上で、こうした好ましい「声」と「顔」と「頭」は基本的な力といってよい。それは「勉強」すれば身に付くといったものではない。一人一人の子供がこれまでの暮らしの中で獲得し形成してきた力である。

子供たちを「いい声・いい顔・いい頭」の持ち主に育てるには、小さい時から「いい気持ち」を味わう体験が欠かせない。公園で春の陽射しを浴びながら、若いお母さんが赤ちゃんを抱っこして「ゆらゆら揺れる、お空が揺れる」と小さな声で歌っているのを見たことがある。幼な児は目を細めてすべてを母親に委ねている感じだった。赤ちゃんは実に「いい顔」をしていた。この母子とは対照的な父と子に出会ったこともある。孫の幼稚園の入園式に立ち合った時のこと。入園児が教室の小さな椅子に腰掛けている。付き添いの保護者は幼児を取り巻くようにして立っている。式が始まる前、私の目の前の一人の男の子が突然近くの子の頭を手当たり次第に叩き出した。それは叩くというより殴るといった感じだった。近くにいる先生は気が付かない。周りの子は腕で頭をガードしてよけている。その時、その子のお父さんらしき男性が突然、乱暴しているわが子の頭をゴツンと叩いた。そして「何してんだ、ぶっ殺すぞ～」と口にした。「ぶっ殺す」には本当に驚いた。この男の子はこういう言葉が飛び交う中で育っているのだろう。わが子を抱き締めてやる、絵本を読み聞かせてやる、といった育児環境とは異質の、体罰が日常化しているところで、この子は成長してきたのだ。この子は将来どんな「声・顔・頭」を形成していくのだろうか。

「触景生情」という言葉がある。文字通り、美しい風景によってさまざまな情緒が触発されるという意味である。夕暮れ時に東京首都高速六号線（向島線）を車で走っていて、とてもセンチメンタルな気分になる時がある。右手に隅田川、その向こう岸に浅草の松屋デパート、そして、その上には茜色に染まった夕焼け空に、陰影に富んだ雲が浮かんでいて、その雲間に日が沈もうとしている。できることなら車を停めてカメラのシャッターを切りたいところだ。隅田川と浅草は自分が育ったところだっただけになお一層、そんな「いい気持ち」になっていたのだろう。そう言えば、最近の子供たちは夕映えの空や月の出といった「大きい風景」を見ないという。「山を見る・星を眺める・海の彼方を見はるかす」こともないのだろう。

こうした「いい気持ち」が触発されるのは、何も風景だけのことではない。先に挙げた教え子の合唱コンサートの会場で、童謡「酸模《すかんぽ》の咲くころ」（作詞・北原白秋、作曲・山田耕筰）を聴いた時、私はとても「いい気持ち」に浸っていた。

土手のすかんぽ、ジャワ更紗。
昼は蛍が、ねんねする。
僕ら小学、尋常科。
今朝も通って、またもどる。

すかんぽ、すかんぽ、
川のふち。
夏が来た、来た。
ド、レ、ミ、ファ、ソ。

（『世界音楽全集11　日本童謡曲集』春秋社、一九三〇年）

弾むようなリズムと明るいメロディー、それに歌われている世界の懐かしさもあった。絣の着物を着た子供たちが川沿いの道をスキップするように歩いている。ジャワ更紗が初夏の風に吹かれている。そしてすかんぽも花をつけている。自然と身体がスイングしてくる。気持ちまで弾んでくる。因みに、右の歌詞に出てくる「小学、尋常科」は、当時の学制では小学校尋常科と小学校高等科に分かれていたことを踏まえたものである。

以上、自然の風物と音楽を例に挙げたが、それ以外にもさまざまな場面で子供たちは「いい気持ち」を味わう。スポーツや登山、運動会や文化祭などの学校行事、映画鑑賞や読書などの活動を通して、例えば以下に示すような感情が耕されてくる。

①心が浄化される。
　――嫌なことが気にならなくなり、伸びやかな気分になる。
②感情や情感が刺激されて心地よい。

――微笑んだり、大笑いしたり、しんみりしたりする。

③肯定的な気分になる。

――人に対してやさしい気持ちになれる。自分が好きになる。

④その結果、顔や言葉、動作までが生き生きしてくる。

ここに挙げた四つの心的傾向は子供たちの将来にとって大きなプラス要因になる。「IQ＝知能指数」に対して「EQ＝Emotional-Quality」と言われる、こうした心性は、豊かな人生を構築していく「人間力」の根幹をなす。先に挙げた物理学者小柴昌俊さんが「勉強はほどほどにして音楽やスポーツを楽しみなさい」と答えたのも、目先の受験や成績よりも子供たちの情意的側面を考えてのことだろう。

人格崩壊と情緒の喪失――「ゼロ・トレランスの教育」

「死ね・消えろ・クサイ・ゲーッ・ウザイ」、いずれもいじめの常套句である。さらにこうした決め付け言葉に留まらない、より残酷ないじめもある。「あいつの母ちゃん、家で売春している」というデマをメールで大量にばら撒く。下駄箱にその子の下着を張り出す。屋上に連れて行って金網に掴まらせて「下に降りろ！」と強制する。とにかく誰でもいい、自分より下位の人間を設定し、傷つけることで自己高揚感を味わうのだろう。これがさらに進んだのがホームレス殺しである。自転車の空気入れでぶん殴る、橋の下のハウスに放火する、そして公園のハウス攻撃を繰り返しては

「社会のゴミを掃除した」とうそぶく。

こうした歪んだ自己肯定感や自尊感情は往年の言葉で言えば「ジコチュー」「ミーイズム」であるが、それは車内の落花狼藉の振る舞いや日常化した傘や自転車の盗難、ゲーム化した万引などから、さらには過激な「悪への憧れ」や「退廃への耽溺」につながっていく。学校内外における器物破壊と窃盗万引の常習化、薬物汚染、売春、乱闘、ひったくりなどの非行と犯罪はもはや「生徒指導」とか「地域の教育力」とかいったレベルでは手に負えないところに来ている。避難訓練にも参加しない子供の「アホ意識」については既に述べたが、非行や犯罪に走る子供たちは自分を「ワル」とはっきり自認している。むしろワルに居直って非行の限りを尽くす。こうした一部の子供に見られる暗い情念、例えば校舎のガラスを何十枚も割るような行為に駆り立てるものは何なのか。彼らの言葉で言えば「ムカツク」といった気分だが、言葉を換えて言えば「ルサンチマン」(ressentiment)と呼ばれているものである。下積みや下流の怨念、できる子やいい子たちへの憎悪、世間や先生たちに対する反抗といった、自分でも処理できない感情と言っていい。

先般「無法地帯化する公立学校――教室に正義を！」といった誠に扇情的な見出しが雑誌の紙面に踊っていた。公立学校の先生方にとっては無念やるかたない活字であろう。今、わが国の一部の高校で「ゼロ・トレランスの教育」を取り入れたという報道もある。「Tolerance」なる英単語は「我慢、耐久力、寛容、寛大、雅量、包容力」といった意味を持つ。つまり「ゼロ・トレランスの教育」とは、規律厳守の指導、善悪をきっちり教える教育と言える。いささか扇情的な言い方をすれば「情け容赦せぬ指導」ということだろう。もともとこの指導はアメリカで行われている指導である。これは私の想像だが、この指導法の背後にはキャンパス内の銃乱射事件に象徴されるような銃規制と軌を一にするものがあるのかもしれない。わが国の少年による犯罪や非行がますます凶悪化しつつある時、この「ゼロ・トレランスの教育」は規律ある教育といった思潮に乗って、より広く認められていくのかもしれない。

こうした規律無視や非行犯罪に走る子供たちは一様に無表情な顔をしている。仲間を集団で痛め付けて死に至らしめる、夜中、学校に潜入し鉄の棒で校舎を破壊する、ホームレスの小屋に放火する、無免許で暴走行為を繰り返す——こうした子供たちは単に規律意識やモラルの崩壊といった言葉では納まらない、感性の麻痺と情緒の喪失といったことまで感じられる。スクリーンに引き込まれるようにして名作映画に見入り、深く感動する。親や先生にじゅんじゅんと諭されて涙する。合唱コンクールでみんなと熱くなって歌う。こんな場面とは無縁のところで身体だけが成長してきたのだろう。

さらに言えば、彼らには「Self - Esteem」といった感情が欠落している。「Esteem」とは「人格を評価する・人間を尊重する」といった意味合いを持つ。「Self - Esteem」は「自分で自分を賞めてやる」、つまりは「俺ってイイトコあるじゃん！」と言った感情をいう。彼らはこうした自己肯定感とは無縁のところで、「ワル」に傾斜してきたのであろう。

物理学者小柴さんの「スポーツや音楽を楽しみなさい」という言葉には「自己評価の物差しはいろいろあっていい」という意味もあるが、ここであえて付言すれば、ゼロ・トレランスの指導といった発想と同時にその一方で「賞める教育・認める教育」という視点を考えておく必要もあろう。

つまりは学校のどこかにすべての子供たちの自己肯定感を支える場を設定しておくことだ。

ささやかな喜びを支えに

「そんなに仕事って、いつもいつも楽しいことなんてありゃあしないよォ。志高くやってて、みんなうまくいくなんて、それもないと思う、僕は。絶対ないな。ホンノたまに、ちょっとあるだけですよ、ああ生きてるの悪くねえナってのがね。それも一生懸命やってないと、きっとないと思いますよ」

これは映画俳優高倉健さんが母校である長野県立松本深志高校の後輩たちを前にして語った言葉である。映画『鉄道員』（原作・浅田次郎、監督・降旗康男）が制作された頃のことである。朝のNHKテレビで紹介された番組を、当時の朝日新聞「天声人語」（一九九九年五月二九日）が取り上げた。それを今更のように紹介したのは、この健さんの考え方をひとり松本深志高校だけに留めることなく、より多くの生徒たちにも与えたいと思ったからに他ならない。「仕事って、いつもいつも楽しいことなんてありゃあしない」――時には人には言えない辛い時もある、「志高く」持てば「うまくいく」――そんな綺麗ごとでは済まない、「一生懸命やって」いて、ほんのたまに「ああ生きてるの悪くねえナ」と感じることがある。これが「働く」ということ、これが「人生」というものなのだ。要は、たとえ少しでも「ああ生きてるの悪くねえナ」と感じられるかどうかだろう。この瞬間のために「現在《いま》を生きている」、人生にはこういう部分がある。
寡黙で知られる映画俳優高倉健さんが高校生を前にして語ったことはあるいは時代錯誤的な話かもしれない。辛い仕事でも一生懸命に働いて、ほんのたまに「ああ生きてるの悪くねえナ」と感じる、そのために今日も額に汗して働く——昔の「修身」に出てくる勤勉努力といった徳目そのものといっていい。「働く」は「はた=他の人」を「らく=楽」にさせること、一昔前の勤労観である。しかし、今、こうして改めて健さんのシャイな話し振りに接すると、何かとても「格好いい」感じがする。私たちの目に入ってくるのは、剥き出しなまでの金銭志向の世相である。ここでは「自分が楽《らく》して稼ぐこと」が優先する。先日も一人の若者がテレビで「一夜にしてウン十万円稼いだ」と豪語していた。彼はパソコンを使って株の売買を繰り返していたのだ。ここには「はたを楽にさせる」とか「額に汗して働く」とかいった勤勉のイメージはない。それだけに健さんの言葉は文明批評の言葉になっている。そして、それは宮澤賢治の「雨ニモマケズ」に通ずる生き方でもある。

知足と自負と

高校レベルの読書教材に森鷗外の「高瀬舟」(一九一六年)がある。弟殺しの罪で遠島の刑に付された喜助を護送して、同心の庄兵衛は高瀬川を舟で下って行く。喜助があまりにも穏やかな風情なので庄兵衛は声を掛け、喜助の身の上話を聞くことになる。喜助の弟は病弱を苦にして自らの喉に剃刀を立てたが死にきれない。帰ってきた喜助が剃刀を抜いたが弟は死んでいく。鷗外は医学者の立場から弟の自殺に手を貸した喜助の安楽死幇助を問題にしたのだが、鷗外は喜助の無欲な生き方にも心を動かされたと語っている。喜助はこれまで不治の病に伏す弟を抱え、転々と住まいを替えて、極貧のその日暮らしを送ってきたが、今回の遠島ではお上から二〇〇文の鳥目まで頂戴し、島で落ち着いて暮らせると語り、晴れやかな顔をしている。一方、その罪人を見張る庄兵衛は女房と子供四人と老いた母を抱えた七人暮らしで、かつかつの暮らしをしてきた。家の中の波風も絶えない。いつも何かに追われるように暮らしている。相応の給金を手にしてももっと欲しいと思う。どこまで行っても踏み留まることがない。それを見事に踏み留まって見せたのが喜助だった。つまり喜助は「自ら足る」ことをわきまえた人間だった。

鷗外が「高瀬舟」で描いたのは「知足の精神」である。この知足の精神は日本の伝統的な精神構造で、鴨長明「方丈記」や吉田兼好「徒然草」にも見られる生活意識である。ある意味では宮澤賢治とも重なる。遠い昔、旧制中学の文芸部で一人一人が近代文学の作品の読後感を発表することになった。私はなんの思惑もなく「高瀬舟」を取り上げた。確か「幸不幸は思い込み・幸せは物差し次第」、こんなことを口にしたと思うが、一人だけ残されて顧問の先生からお賞めの言葉を頂いた。その時、先生は「足ることを知る」という言葉を教えてくれた。先生は「家族が元気で、曲がりなりにも三度の食事をしている、これを幸せと思わないでどうする」という話をした。敗戦直後のこと、私たちは極端な食料難の中で、飢えと隣り合わせのようなどん底の暮らしをしていた。先生の「三度の食事」の話はこうしたご自分の現実を語ったものかもしれない。

バブル絶頂期の頃、『清貧の思想』（中野孝次、草思社、一九九二年）なる一書が注目を集めたことがある。最近、金権主義的な風潮にあって、また、この「清貧」に通ずる物言いが見られるようになったが、私が言う「どっこい生きている」という生き方は、単に「清貧に甘んずる」といったレベルに留まるものではない。

確か映画俳優チャーリー・チャップリンのお母さんの言葉だったと思うが、わが子チャップリンに「ボロをまとっていても、上品でありなさい」と言い聞かせていた。次の言葉もそれに通ずる。

いつもにこにこと。胸をはって。笑っていると、自然と前向きな気持ちに傾く。英国で見つけた、私なりの生き抜くための方法です。

（二〇〇六年一一月二三日「朝日新聞」朝刊）

これはアナウンサーの久保純子さんが「いじめられている君へ」と題して語った言葉だが、この「胸を張って笑っていること」は毅然とした態度で生きることを説いたものである。久保さんは、これは「英国で見つけた私の生き抜くための方法」と言っているが、そこには言うに言えない体験があったのだろう。ここで久保さんが言ったのは、要するに「Dignity＝人間としての尊厳・威厳」を持って生きるということだ。これは歴然たる階級社会のイギリスで身に付けた異邦人であった彼女なりの「生きるスキル」でもあったのだ。

この「Dignity」なるものは世界に誇る映画監督黒澤明のすべての作品に流れている主題音と言ってもいい。『用心棒』（一九六一年公開）ではこんなシーンがあった。やくざの親分に攫《さら》われた自分の女房を浪人桑畑三十郎（三船敏郎）に助けて貰った百姓が地べたに頭を擦り付けるようにしてお礼を言う。すると三十郎は吐き捨てるように「早く逃げろ！」と言う。こんなことをするぐらいなら、なぜ自己の尊厳を賭けて戦わなかったのかと言うことだ。また代表作『七人の侍』では、腹をすかせた七人の浪人が百姓を救うべく、何の報償もないまま、自分の命を懸けて野武士と壮絶な戦いを繰り広げる。この壮大なドラマの主題も「Dignity」といっていい。「今は幸せだと思わなくては、毎日を乗り切ることができない」とは派遣社員として差別的な待遇に耐えて日々暮らしている人の投書である。ぼやいて、嘆いて、愚痴って、事態が好転するならそうすればいい。だが、この投書子は「今は幸せだ」と言い聞かせながら、正社員たちの中で胸を張って生きているのだろう。

私の「大のお気に入り」

かつて「燃えつき症候群」といった言葉があった。受験勉強に身をやつし、ようやくにして志望校に入学できた学生の虚脱状態を言い表した言葉である。近年になってとんと聞かなくなったが、そうかといって彼らは充実した生活を送っているかというとそうでもない。予定調和的な順調な人生コースを進んでいても何か満たされない。常に「明日の準備のために今日を過ごす」――「らっきょの皮剥き」の譬え通り、どこまで行っても自分の人生そのものに突き当たらない。「現在に生きる・今を楽しむ」ことができないのだ。

これからの生き方教育論として、ここでは「私の好み」を持つという視点を提起したい。ここで言う「私の好み」とは、例えば好きな作家、お気に入りの歌手、贔屓の野球チーム、好きな食べ物、好みのファッション、熱くなっている映画などなどで、それは「My Favorite＝大のお気に入り」

と言われるものである。私の近くで五〇過ぎでラグビーを楽しんでいる人、七〇過ぎで社交ダンスに入れ込んでいる人、演歌歌手の追っ掛けをしている中年婦人がいる。ある評論家は駅前のケーキ屋のクリーム・ドーナツが「大のお気に入り」で、毎朝食べに行く。さらに二つ三つ買って帰り、一日かけて心行くまで楽しんで食べるという。傍から見れば馬鹿みたいな話だが、ここで言う「私の好み・大のお気に入り」とはそういうものである。昔のブリキの玩具、古いマッチ箱のラベル、鉄道グッズの蒐集にハマっている人、「虎キチ」とまで言われている阪神タイガースファン……。どんなに滑稽であっても本人にすれば大きな生き甲斐になっている。

国語科単元学習でスピーチや新聞作りといった活動を計画するとき、どんなトピックス（話題・題材）を設定するかが大きな鍵となる。概してうまくいくのが「私の〇〇」といった「私単元」である。「私の宝物・私の夢・私の家族・私の好きな歌……」、いちばん書きやすい、またみんなに読んで貰いたい記事になる、周囲の子供が読んでも面白い。こうした「私の〇〇」的な単元は「私の再発見・他者理解」の単元と言ってもよい。近い将来、競争社会に送り込まれていく子供たちが心の病に倒れないためにも、こうした「My Favorite」に通ずる「私探し」の指導は意図的に構想されてよいだろう。「大のお気に入り」の世界は子供らが厳しい世の中を生きていく上で欠かせない「息ぬき」の場であり、「癒しの隠れ家」でもある。

あとがき

　小学校が国民学校に改称された頃、漠然と自分は軍人になるのだろうと思っていた。何かの折に海軍の兵隊さんになると口にしたら、母は「お前は乗り物酔いをするぐらいだから海軍は無理だ。陸軍にしなさい」と言った。さらに「お前は虚弱だから軍人よりも学校の先生がいい」と付け足した。後年になって、縁故疎開先の愛知県から単身で上京し、私は東京の教育系の大学に入った。私が教師稼業に足を踏み入れた契機は母の言葉にあったと思っている。

　母は私が「学校好き」であったこと、そして「人好き」で「おしゃべり」であったことも見抜いていたのだろう。「人好き」で「おしゃべり」であること――これはある意味で教師に必要な資質と言える。大きな卓袱台を囲んで家族揃って夕飯を食べている時、私はよく父に叱られていた。私が何か話し出すと、とたんに父親は大きな箸を逆手に持ち直し、腕を伸ばして私の頭をコツンと叩く。「黙って食べろ」と言うのだ。また、私には「涙もろい」ところがある。言うならば東京下町人情派、判官びいきといった気質である。これは私のアイデンティティー（自己同一性・変わらぬ個性）になっている。本書の中でも使った向田邦子「字のないはがき」を学生たちの前で読んでいて、思わず目がしらが熱くなったり、宮澤賢治「雨ニモマケズ」の音読で声が上ずったりしたこともあった。「熱い先生」とか「涙もろい先生」とか陰口をきかれたこともあったが、それはそれでいいと思っていた。

既に「はしがき」でも述べた通り、私は大学を辞するに当たって、三回、最終講義を行ったが、それは実証的なデータ収集と分析に基づいた授業研究や、明確な資料と証言による国語教育史研究といった科学的な論述ではなく、あくまで「私」に徹した国語教育論であった。「おっと、どっこい生きている」というフレーズもこうしたモチーフに基づく。そして、それは階層化社会状況にあって下積みの悲哀を覚えていくであろう多くの子供たちに送る、人生の応援歌でもある。それはもちろん直接子供に語りかけるものではない。そうした子供を取り巻く親や先生方への呼び掛けである。

また、本書は国語教育界という、言うならば身内の業界だけを対象にした専門書ではない。一般の方々をも想定した語りのスタイルを採っている。そして具体的な事例や共感できる人々の言説を取り込みながらできるだけ平明な物言いを意識して執筆してきた。新聞記事を多用し、小学校・中学校・高校といった段階に捉われることなく、読んで面白い国語教材を多用した。

文中では英語を挿入したが、これは、もちろん衒学的な発想によるものではない。

国語による言い換えも可能だが、それでは概念がズレてくる、そんなこともあって原語を用いた。また、あえて英語を使うことで教育に対する、より明確な視点を提示しようとしたものである。

最後に、本書がなるに当たっては、企画から構想、そして著述に至るまで、玉川大学出版部の森貴志さんに多大なご支援を頂いた。ここに記して深く謝意を表しておく。

森島久雄

二〇〇七年五月

森島久雄（もりしま・ひさお）
1932年、東京生まれ。文教大学名誉教授。東京教育大学文学部国語国文学科卒業。東京都公立中学校国語科教諭、都立忍岡高校、同白鷗高校教諭を経て、文部省文化局国語課専門調査官となる。その後、文教大学教育学部に転じ、国語教育関係の講座を担当する。日本国語教育学会理事、全国大学国語教育学会会員。筑波大学大学院、金沢大学、学習院大学、実践女子大学などの講師を歴任。また、NHKラジオ・テレビの高校講座、教養特集などの放送講師を担当。おもな著書に『われわれの国語』（NHKブックス）、『現代国語教育序説』『話しことばの世界』『新しい国語科授業の創造』（以上、教育出版）、『小学校国語科教育法』（建帛社）、『小学校教科書国語辞典』（旺文社）など。

いま、国語《こくご》にできること
「生《い》きる力《ちから》」を考《かんが》える

2007年7月25日　初版第1刷発行

著者――――――森島久雄
発行者―――――小原芳明
発行所―――――玉川大学出版部
〒194-8610 東京都町田市玉川学園6-1-1
TEL 042-739-8935　FAX 042-739-8940
http://www.tamagawa.jp/introduction/press/
振替 00180-7-26665
装幀――――――しまうまデザイン
組版――――――堀江制作
印刷・製本――――モリモト印刷株式会社

ISBN978-4-472-30287-9 C0037 / NDC375